JN441234

파리의 우울

현 대 수 필 가 1 0 0 인 선 II · 85

파리의 우울

이혜연 수필선

수필과비평사 · 좋은수필사

■ 책머리에

수필은 누구나 부담 없이 읽고, 마음만 먹으면 직접 쓸 수도 있는 가장 친근한 문학이다. 다른 영역의 문학이 영상매체에 밀려 신음하고 있는 중에도 수필 인구만은 날로 증가하여 바야흐로 수필 전성시대를 구가하고 있는 이유도 거기에 있을 것이다.

시대적 추세에 힘입어 수많은 수필전문지, 수필동인지가 창간되고, 이에 비례하여 신진 수필가도 날로 늘어나다 보니 이제는 그 많은 작가, 그 많은 작품 중에서 문학성 높은 작품을 가려 읽는 일이 쉽지 않게 되었다. 이런 현상은 작가에게나 독자에게나 결코 바람직한 일이 아니다. 더 나아가서는 수필을 연구하는 후세들에게도 큰 부담이 될 것이다.

이런 문제를 해결하는 데는 출판인도 마땅히 한몫을 감당해야 한다는 평소의 소신에 따라, 본사가 기꺼이 그 역할을 맡기로 했다. 그 첫 번째 사업으로 시대를 대표할 만한 수필가 100인을 선정하고, 작가가 자선한 40편 내외의 작품을 수록한 문고본을 발간하여 이를 널리 보급함으로써 그 소임을 다하고자 한다.

본사는 사명감을 가지고 이 사업을 추진해 나가기로 했다. 작가 선정을 전담할 편집위원회를 구성하고 전권을 위임하여 일체의 사적인 정실이나 청탁을 배제함으로써 전문성과 공정성을 확보해 나갈 것이다.

따라서 이 기획물 속에는 작가의 문학정신뿐만 아니라, 본사의 문학사적 기여 의지와 편집위원 제위의 수필문학에 대한 애정과 문인으로서의 양심이 함께 담겨 있음을 자부한다. 다만, 작가를 선정하는 기준에는 많은 견해의 차이가 있을 수 있고, 선정 과정에서도 미처 챙기지 못한 부분이 있을 것이라는 사실만은 인정하지 않을 수 없다. 이 점에 대해서는 관계자 여러분의 양해 있으시기 바란다.

이 시리즈의 발간 순서는 작가, 또는 본사의 사정에 의한 것일 뿐 그 밖의 어떤 기준도 적용하지 않았음을 밝힌다.

본 기획물이 시대를 초월한 많은 수필 애호가들의 관심과 애정 속에 우리나라 수필문학 발전에 한 이정표가 되기를 바랄 뿐이다.

본사에서는 이상과 같은 취지로 『현대수필가 100인선』 전 100권을 완간하여 큰 반향을 불러일으킨 바 있다.

그러나 우리 수필문단의 규모나 수필문학의 수준에 비추어 선정 작가를 100인으로 한정하는 것은 형평성이나 효율성 면에서 크게 부족하다는 의견이 많았고, 본사 또한 이를 통감하던 터라 기꺼이 『현대수필가 100인선 II』를 발간하기로 했다.

본사의 충정에 찬동하여 출판에 응해주신 저자 여러분에게 감사한다.

2014년 9월

수필과비평 · 좋은수필 발행인 서정환

현대수필가 100인선 간행 편집위원 박재식 최병호

정진권 강호형

오세윤

1_부 숨은 길

2_부 그리움 하나 점 하나

3_부 없음의 힘

4_부 코스프레

5_부 창조적 광기

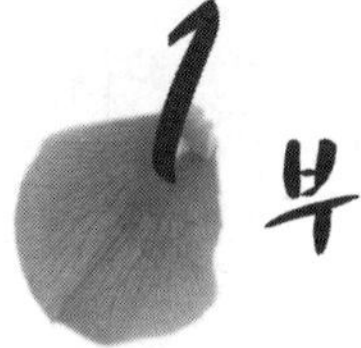

1부

여유당與猶堂의 가을

다시 가을입니다.

부스럭거리는 소리에 창을 열어보니, 뜰 안의 초목들이 이별을 준비하느라 부산합니다. 밤새 뒤척여 핼쑥해진 모습으로 잎은 줄기와, 줄기는 뿌리와 그렇게 헤어짐을 준비하고 있습니다. 더러는 바람을 따라 길을 나서기도 합니다. 그러나 이별의 순간만은 참으로 담담들 합니다. 초조해지는 건 오히려 저입니다. 벌떡 자리를 차고 일어나 바람을 따라 길을 나서 봅니다. 마치 가는 계절을 붙잡아 보기라도 할 듯이….

팔당대교를 건너자 양평으로 이어지는 새 길이 시원스럽게 모습을 드러냅니다. 낯섦에 잠시 쭈뼛거리다가 이내 후미진 옛길을 찾아 들어섭니다. 꼬리에 꼬리를 물고 차들이 이어 달리던 길은 이제는 잊혀진 여인처럼 쓸쓸하기만 합니다. 강을 따라 구불거리는 길을 그러나 제 차는 정인情人 천관녀를 찾아 가는 김유신의 말처럼 익숙하게 달려갑니다.

중앙선 철로가 지나는 굴다리를 밑을 빠져나오자 오른쪽으로 핸들을 꺾습니다. 더욱 한적해진 길은 휘돌아 오르는 고갯길입니다. 마현馬峴이라 불리던 곳이지요. 그 재를 넘어 느슨하게 풀어진 내리막길이 끝나는 곳, 남양주군 조안면 능내리 산 75-1번지, 옛 이름으로는 광주군 초부면 마현리, 바로 열수洌水 선생, 당신의 고택이 있는 곳입니다. 남한강과 북한강이 몸을 섞는, 두물머리 변이지요. 그 때문이었을까요, 선생은 이곳을 갈대와 물을 연상시키는 초천苕川, 혹은 열상洌上이라 즐겨 부르곤 하셨지요. 그래서 오늘 저는 선생을 다산茶山이 아닌, 열수선생이라 부르기로 했습니다. 선생의 학문이 무르익었고, 수많은 저서들의 산실이 되기도 했던 아랫녘 초당의 이름은 그러나 지아비요 아버지이기도 했던 한 남정네에게는 너무나 가혹했던, 인고의 세월을 상기시켜주는 것 같아서입니다. 그보다는 선생의 향리이자 젊은 시절의 추억이 오롯이 남아있는 이곳을 연상하게 해주는 열수라는 별호가 한층 정감이 갑니다.

기념소 문을 열고 들어서자 고즈넉이 앉아 있는 선생의 생가가 한눈에 들어옵니다. 야트막한 담장 곁으로 아름드리 느티나무 한 그루가 충직한 머슴처럼 묵묵히 고택을 지키고 있군요.

집안으로 들어서기 전, 먼저 '여유당'이라는 당호가 걸려 있는 행랑채 툇마루에 앉아 봅니다. 선생께서 사랑채로 쓰시던 곳이라지요. 수굿이 비껴드는 햇살에 빛바랜 마룻장의 나뭇결 무늬가 말갛게 드러납니다. 그 결의 흐름을 따라 모든 것들이 천천히, 아주 느리게 움직이기 시작합니다. 요즘 들어 이곳으로 자주 발길이 향하는 것은 이런 낮고 느린 것들에 대한 그리움 때문인지도 모르겠습니다.

선생의 필적이 담긴 현판을 올려다봅니다. 여유당與猶堂! 문득 어지러운 요즘 정치판이 생각나는군요. 18년이라는 긴 형극의 시간을 선생께 내릴 만큼 선생의 시대 역시 당쟁이 치열했지요. 그래서 벼슬살이를 끝내고 이곳 소내[苕川]로 돌아오던 해에 선생은 '겨울의 내[川]를 건너는 듯하고 사방이 두려워하는 듯하라'는 뜻을 담은 여유당이라는 당호를 상인방上引枋에 걸었던 것 아닙니까. 하지만 물밑 당쟁의 치열함 속에서도 선생과 같은 선비들이 있을 수 있었던 그 시대가 오히려 그리워지는 요즈음입니다. 선생은 공약空約이 아닌 신실한 애민의식, 공리공론空理空論이 아닌 철저한 실험, 실용 정신으로 거중기擧重機와 녹로轆轤 같은 기계를 제작해, 민초들을 부역賦役에서 해방시키는 한편 국세를 절감하게 했습니다. 배다리를 만들어 임금의 행차에 번거로움을 덜게 한 것도 같은 이유에서였지요. 뿐만 아닙니다. 궁벽한 살림 때문에 홍역을 앓으면 속절없이 죽을 수밖에 없는 민초들을 위해 《마과회통麻科會通》이라는 의약서를 엮었으며, 자칫 억울한 송사로 무고한 백성들의 목숨을

앗을까 저어해, 옥사獄事를 다루는 목민관의 자세와 사례事例들을 《흠흠신서欽欽新書》에 담았습니다. 《목민심서牧民心書》도 같은 맥락이었지요. 경기 암행어사와 금정찰방, 곡산부사를 지내면서 목도한 관리들의 횡포와 민초들의 고초에 마음이 아팠던 선생은 시를 짓는 선비의 마음가짐에 대해 이렇게 일렀습니다.

"세상을 걱정하고 백성들을 불쌍히 여겨서 항상 힘없는 사람을 구원해주고 가난한 사람을 구제해주고자 방황하고 안타까워서 차마 내버려 두지 못하는 간절한 뜻을 가진 다음이라야 바야흐로 시가 되는 것이다."

두 아들 학연, 학유에게 보냈던 글입니다. 선생의 시가 두보의 시를 많이 닮고 있음은 바로 이런 까닭인 듯합니다. 명문名文 〈파리를 조문하는 글〉이 탄생하게 된 것도 굶어 죽는 백성들을 애통히 여기는 마음에서 비롯된 것 아니었습니까.

대문이 있는 동쪽으로 천천히 돌아섭니다. 순간 저는 우뚝 걸음을 멈추고 말았습니다. 두 그루의 나무와 마주쳤기 때문입니다. 은행나무와 향나무입니다. 흔하디흔한 나무들이지요. 하지만 제 걸음을 멈추게 했던 것은 그 두 나무의 자태였습니다. 어느 수필가의 표현처럼 신라 금관과도 같은 형태를 한 은행나무가 향나무를 지긋이 품에 안고 있는 듯한 모습이었습니다. 은행나무의 노란 빛 때문에 향나무는 더욱 푸르게 보였고, 향나무의 푸른빛으로 해서 은행나무의 노란빛은 더욱 순수해 보였습니다.

가슴이 뭉클해지면서 목이 메어 옵니다. 그 두 나무의 형상이 마치 정조대왕과 선생의 모습인 것만 같아서입니다. 임금과 신하라기보다는 지기知己와 같았던 두 분, 아니 아우를 아끼는 형의 마음처럼 선생을 향해 날아오는 질시와 음해의 화살들을 몸소 막으며 다독여 주셨던 정조대왕의 사랑은 바로 저 은행나무의 자태였습니다. 그 사랑이 있었기에 선생의 학문은 든든한 기반을 마련할 수 있었고, 경세제민 의식은 제 길을 찾을 수 있었던 것 아닙니까. 그러기에 지음知音 종자기鍾子期의 죽음에 거문고 줄을 끊고 돌아섰던 백아伯牙처럼, 임금이 붕어하자 선생은 벼슬을 버리고 낙향할 수밖에 없었을 것입니다.

손수 쓰신 묘지명에서 두 분 영결의 순간을 엿봅니다.

"여름 유월 열 이튿날, 마침 달밤이어서 한가하게 앉아 있었더니 문을 두드리는 사람이 있었다. 내각의 서리였다. 《한서선漢書選》 열 질을 임금께서 하사하시며 유시하시기를 '오래도록 보지 못했다. 너를 불러 책을 편찬하고 싶어서 주자소에 벽을 새로 발랐으니 그믐께쯤 경연에 나올 수 있을 것이다. 이 책 다섯 질은 남겨서 가전家傳의 물건으로 삼도록 하고, 다섯 질은 제목의 글씨를 써서 돌려보내도록 하라' 하셨다 한다. 서리가 말하기를 유시를 내리실 때 얼굴빛이 못 견디게 그리워하는 듯하셨고 말씀도 온화하고 부드러우셔서 다른 때와는 달랐다고 하였다. (…) 그다음 날부터 임금의 건강에 탈이 났고 스무

여드렛 날에 이르러 하늘이 무너지고 말았다. 그날 밤에 책을 하사해주시고 안부를 물어주신 것이 끝내는 영결의 말씀이셨고, 임금과 신하의 정의情誼는 그날 밤으로 영원히 끝나고 말았다. 나는 이 일에 생각이 미칠 때마다 눈물이 홍수처럼 쏟아짐을 참지 못하고 한다."

눈시울이 뜨거워져 얼른 대문 안으로 발길을 옮깁니다. 행랑채를 발밑에 두고 ㄱ자로 앉은 집은 방 둘에 대청뿐으로 소박하기 그지없습니다. 관람자를 위한 배려인 듯 두어 칸쯤 도려 놓은 창호지 사이로 대청 안을 엿봅니다. 유품들을 한데 몰아 놓은 듯 먼지를 뒤집어쓴 집기들이 엉거주춤 놓여 있습니다. 아니 뒹굴고 있다는 표현이 어울릴 듯싶군요. 휑뎅그렁하기는 건넌방 역시 마찬가지입니다. 반으로 접힌 야외용 돗자리가 미아처럼 한 구석에 웅크리고 있을 뿐 텅 빈 채입니다. 해배기를 보내던 말년의 선생의 마음이 저러했을까요.

쓸쓸하여 차마 지켜보지 못하고 돌아서는데 처마를 따라 가지런히 난 낙숫물 자국이 눈에 들어옵니다. 이곳을 찾는 발길이 잦아질수록 선생을 향한 그리움이 저 낙숫물 자국처럼 깊어감을 느낍니다. 그것은 이 시대에 대한 아픔이기도 하지요. 지금은 뉘 있어 진실로 민초들의 고단함을 아파해주겠는지요. 북학파의 몇몇 이름들이 스쳐 갑니다. 그러나 이용후생利用厚生과 실사구시實事求是를 위해 중국의 선진문물을 받아들이면서도 맹목적인 사대주의를 준절히 나무라셨던 선생님. 초고속시대로 세계가 지구촌이 되어버린 지금, 선생이 그토록 소중하게 여기셨던 우리의 것들을 우리는 과연 얼마나 잘 지켜내고 있는 것일까요.

뒤란을 돌아 후문을 나섭니다. 한 줄기 바람에 나뭇잎들이 우수수 떨어집니다. 문득 스미는 한기에 자판기에서 커피 한 잔을 뽑아들고 벤치에 앉습니다. 굳이 낙엽이 아니라도 손안에 느껴지는 차의 온기만으로도 가을이 이미 깊었음을 알겠습니다.

유택이 있는 뒷동산을 오르는 길은 두 개입니다. 생가를 중심으로 왼편과 오른편이지요. 오늘은 후문 쪽 왼편 길을 택하기로 했습니다. 계단과 돌이 번갈아 놓인 길은 떨어져 누운 솔잎들로 향긋하고 푹신합니다. 상석 앞에서 공수拱手로 재배를 대신합니다. 가슴 가득 차오르는 그리움에 비석의 뒷면과 옆면을 빼곡히 채우고 있는 선생의 행장行狀을 읽고 또 읽어봅니다. 그리고 충주에 있는 선산을 마다하고 굳이 이곳에 묻히고자 했던 선생의 유지遺旨를 헤아려 봅니다. 수종사로 용문사로, 북한강과 남한강을 오르내리며 호연지기를 키우던 시절을 잊지 못함이었을까요. 아니면 임금과의 추억이 남아 있는 한양성을 차마 떨치고 갈 수 없었음일까요.

추측은 그저 추측에 그칠 뿐, 선생의 마음을 헤아릴 길 없어 선생이 바라보고 계실 곳을 향해 몸을 돌려봅니다. 무성하게 자란 나무들 때문인지 두물머리가 보이지 않는군요. 지금은 양수리라고 불리는 곳이지요. 두 개의 물줄기가 하나 되어 거대한 흐름을 만들 듯이, 옛것과 새것을 조화시켜 보다 합리적인 세상을 만들고 싶었던 선생님. 그러나 물은 기꺼이 하나로 몸을 섞건만, 세류世流는 그렇지 못한 것은 예나 지금이나 다름이 없나 봅니다. 이합집산과 음해성 폭로를 일삼는 선량들, 부정부패에 길들은 목민관들….

오늘, 오백 여권의 방대한 저서를 남긴 학자로서도, 시서화에 능했던 문장가로서도 아닌, 목민관으로서의 선생이 사무치게 그리워지는 이유를 선생은 아실는지요.

> 가을바람 불어와 흰 구름 몰아내니/ 푸른 하늘에 그림자 하나 없어라/ 갑자기 이 내 몸이 가벼워져서/ 바람처럼 이 세상에서 사라지고 파라
>
> \- 흰 구름

열수 선생, 당신은 정녕 한 줄기 가을바람이셨습니까?

11월은 빈 몸으로 서다

물새 한 무리가 후드득 날아오른다.

몇 번의 날갯짓으로 산만했던 대열을 가지런히 가다듬은 새들은 저무는 강 위를 두어 번 선회하더니, 선홍빛 노을 속으로 유유히 멀어져 간다.

휘모리 가락처럼 사위를 온통 붉은 빛으로 휘몰아 넣던 노을이 스러지고 나자, 한지에 먹물 스미듯 시나브로 어둠이 밀려오기 시작한다. 빛과 어둠이 만나는 시각이다. 한낮의 거센 빛살에 숨을 죽이고 있던 사물들이 수런수런 제 기색을 찾는다. 산빛, 물빛이 깊어지고 불빛이 생기를 찾기 시작하는 시각. 낮이라기엔 어둡고 밤이라기엔 아직은 밝은, 빛과 어둠이 함께하는 이 짧은 순간을 음미하며 나는 하루의 고단함을 벗고 평온함에 잠긴다.

모자란 게 많은 탓일까, 돌아보면 나는 늘 한 걸음 물러서서 세상을 살아온 것 같다. 여유가 있어서가 아니라, 매사에 도전하기보다는 체념하고 안도하기를 좋아하는, 게으르고 소심한 성격 때문일 것이다. 그런 삶의 태도는 은연중 기호嗜好에도 영향을 미친 것 같다. 화창한 날보다는 흐리거나 비 오는 날을, 장조의 쾌활함보다는 애조 띤 단음계 가락을, 화려한 원색보다는 채도 낮은 중간 색조를, 그리고 토요일보다는 금요일 저녁을 좋아하는, 말하자면 적극적 참여보다는 방관자적 안일을 즐기는 편이다.

여명黎明을 마다하고 굳이 어스름이 깔리기 시작하는 저녁 무렵에 산책을 나서는 것도 이런 나의 성향 때문이 아닌가 싶다. 저녁 빛은 체념 속에 드리워진 화해와 수용, 그리고 다음 날에 대한 어렴풋한 기대가 담긴 부드러움으로 포근히 나를 감싸 준다.

11월은 바로 이런 저녁 빛을 닮았다. 가을이라기엔 너무 늦고 겨울이라기엔 다소 이른, 가을과 겨울이 몸을 섞는 달이다. 욕망의 굴레를 막 벗어 던지고 난 후의 홀가분함이라고나 할까. 색의 잔치도 끝내고 떨구어버릴 것 다 떨구어버리고 빈 몸으로 선 나무들의 모습. 그래서 11월의 바람 끝에는 마지막 잎새의 냄새가 한 자락 묻어 있는 것 같다.

마른 잎의 냄새를 닮아서일까, 커피 향이 유난히 좋아지는 것도 이때쯤이다. 해 질 무렵, 스산한 바람을 맞으며 정처 없이 걷다가, 낙엽이 두텁게 깔린 어느 산비탈에 앉아 별빛 같은 불빛들을 내려다보며 뜨거운 커피 한 잔을 마시는, 철없는 낭만을 꿈꾸어보게 하는 것도 이 달이다. 그러나 아쉽게도 그 꿈의 대부분은 상상에 그치고 말았다.

11월은 가난하고 쓸쓸한 달이다. 풍경風景도, 소리도, 빛깔도 여위어 바람마저 적막해진다. 그러나 11월을 맞는 나의 마음은 그래서 오히려 어느 때보다 편안하고 넉넉하다. "빈들의 맑은 머리와/ 단식의 깨끗한 속으로/ …외롭지 않게 차를 마신다."던 김현승 시인의 싯구처럼, 가난하기에 맑아질 수 있고, 쓸쓸하기에 도리어 외롭지 않을 수 있는 것이다.

그 때문일까. 11월은 산문보다는 시가 한결 깊어지는 달이다. 절제된 언어, 응축된 사유, 행간의 여백이 군더더기 털어버리고 가뿐해진 11월의 모습을 닮았다고나 할까. 시의 날이 11월 1일인 것을 보면 이런 느낌은 나만의 것은 아니지 싶다.

겨울의 느낌은 무겁다. 오래된 침묵으로 지루하고, 새 생명을 잉태해야 하는 부담감으로 홀가분할 수 없다. 소생을 준비하는 내밀한 움직임으로 은근히 부산하기까지 하다. 겨울을 일컬어 정중동靜中動의 계절이라 함도 그 때문일 것이다.

반면에 11월의 느낌은 가볍고 신선하다. 방금 비운 그릇에 남아 있는 온기처럼 지난 것에 대한 미련이 사뭇 없는 것은 아니지만, 체념의 편안함이 있으며 충만을 꿈꿀 수 있어 훨씬 자유롭다.

하지만 이런 여유는 그리 오래가지 못한다. 연말이라는 회오리를 등에 업은 12월이 이내 밀려오기 때문이다. 부화뇌동의 소란함과 초조함 속에서 12월은 후회할 겨를도 없이 순식간에 지나가 버린다. 두 번의 설을 치러야 하는 1월 또한 번잡하기는 마찬가지다. 금요일 밤을 사랑하듯이, 내가 한 해의 마무리와 시작을 11월에 하는 것도 그런 까닭에서다. 남은 한 달의 여유는 지나간 날들을 뒤돌아보고 새로운 날들을 계획할 수 있는 차분함을 준다.

그러나 내가 11월을 목마르게 기다리는 가장 큰 이유는 따로 있다, 작은 설렘이 있는 달. 운이 좋으면 첫눈을 만날 수도 있다는 것이다. 폭설이 아니라 무서리처럼 살포시 대지를 덮고 상고대처럼 가볍게 빈 가지를 채우는, 떠나는 가을에 대한 겨울의 예우와도 같은 눈이다. 몇 해 전까지만 해도 내 수첩의 11월 난에는 첫눈 소식이 올라와 있고는 했다. 이 나이에도 '첫'이라는 글자가 가슴을 설레게 하는 유일한 것이 눈이 아닌가 싶다.

간혹 이런 나의 기다림을 저버리고 11월이 가는 경우가 있다. 그럴 때면 무언가를 잃은 듯 아쉽고 허전해진다. 12월에 내리는 첫눈은 11월의 것만큼 내게 신선한 기쁨을 주지 못한다. 그저 겨울눈에 불과할 뿐이다. 그리고 때로는 폭설이 되어 고통을 주기도 한다.

그러나 첫눈이 없으면 어떠랴. 추적추적 비 내리면 마른 가지 검게 물들고, 그 가지 사이로 잿빛 하늘과 둥근 까치집이 걸리는 11월의 풍경. 그 색채의 빈곤함마저 나는 사랑하는 것을.

유쾌한 칩거

낌새가 이상하다. 둥글고 부드러운 무언가에 둘러싸인 느낌이랄까.

사위가 고요하다. 15층 높이에서 듣는 소음은 울림이 크고 깊다. 그런데 이 고요함은 뭘까?

궁금하면서도 따뜻한 이불 속 유혹을 떨쳐 버리지 못하고 뭉그적거리다가 벌떡 일어나 앉는다. 혹시? …. 부리나케 거실로 나가 본다. 앞 동 머리 위로 어깨를 드러내고 건재함을 과시하던 검단산이 사라지고 없다. 안경을 쓰고 다시 쳐다본 순간, 나도 모르게 탄성이 흘러나왔다. "눈이다!"

베란다 문을 활짝 열어본다. 세상이 온통 흰빛이다. 모든 것들이 흰빛 아래 색채와 형체를 감추어 버렸다. 흰빛은 소리마저 삼켜 둥글고 순한 음색으로 되 뱉어낸다. 질주하던 자동차도, 활개를 치던 사람들도 다소곳하다. 삼가고 가리느라 세상은 잠잠하다.

시원하게 기지개를 켠다. 오늘은 느긋한 마음으로 아침을 시작해도 좋을 것이다. 하얀 손님은 며칠간의 칩거를 예고하고 있다. 이런 비자발적 칩거는 자유롭고 유쾌하다.

나이가 들면서 칩거가 잦아졌다. 겨울이 특히 그랬다. 건강을 이유로 세상에서 나를 유리시킬 때면 마음이 불편했다. 핑계로 읽히기 일쑤기 때문이다. 우울하기도 했다. 소외감이 들어서이다. 그러나 요 며칠간의 칩거는 이유가 명쾌해서 마음이 가벼울 것이다. 이런 날이면 밥벌이에 목을 매지 않아도 되는 나이에 와 있다는 것이 고마워진다.

커피 메이커에 물을 붓는다. 블루마운틴 커피 가루를 적당량 덜어 넣고 스위치를 누른다. '블루마운틴' 하면 파란 하늘과 만년설이 덮인 산봉우리가 연상되어 기분이 상쾌해진다. 이제 조금 있으면 커피 향이 온 집 안에 가득 퍼질 것이다.

> 묵은 질화로에서 향연香煙이 모락모락 푸르게 피어올라 허공중에 둥근 채색공 모양을 만든다. (……) 오른편에 보이는 매화는 일제히 꽃망울을 부프고, 왼편에는 차 끓이는 소리가 솔바람 소리나 노송에 듣는 빗방울 소리를 내며 보글보글 넘쳐흐른다.

〈눈 오는 밤〉, 깊은 산속 눈 덮인 집에서 청장관 이덕무가 누리던 이런 정취까지는 아니더라도, 따뜻한 실내에서 눈 내린 아침 풍경을 내려다보며 갓 뽑은 커피 향에 취해보는 것도 꽤 괜찮지 않은가.

물 끓어오르는 소리가 들려온다. 피식 웃음이 난다. 기존의 의성어를 가지고 시비하던 개그 프로그램이 생각나서다. 물 끓어오르는 소리를 꼭 '보글보글'이라고 해야 하는가? 이런 실없는 생각을 해보는 것조차 유쾌하다.

커피 기계에서 모락모락 김이 피어오른다. 푸른 향연이 아니면 어떠랴. 솔바람 소리나 노송에 듣는 빗방울 소리가 아니면 또 어떠랴.

끓는 소리가 잦아들면서 커피 향이 풍겨온다. 옅은 갈색 액체가 투명한 유리 포트 안에서 유혹을 한다. 위장병 때문에 커피를 마시지 않은 지 오래지만, 오늘만큼은 기꺼이 유혹에 넘어가 주기로 한다. 반 잔쯤 컵에 따라 들고 창가로 간다. 깊은 겨울 속에서 지난가을의 향기 같은 커피 냄새를 맡는 것도 운치가 있다.

열린 창으로 매운 기운이 들어온다. 싫지가 않다. 흰빛 때문일까, 하늘이 유난히 푸르고 명징해 보인다. 산에 드문드문 초록빛이 보인다. 무소불위 같은 눈도 어찌해 볼 수 없는 영역이 있나 보다. 아래를 내려다본다. 오래된 벚나무가 눈꽃을 피우고 있다. 봄꽃보다 더 화려하다. 흰빛 하나로도 세상은 이렇게 아름다울 수가 있는 것을….

설설 기는 자동차 한 대가 눈 위에 바퀴 자국을 남기고 간다. 그 자국을 따라 다른 차 한 대도 설설 기어간다. 운전자가 느끼고 있을 긴장감이 고스란히 전해 온다. 언젠가 눈 오던 날, 핸들을 꼭 붙들고 앞차 브레이크 등을 등불 삼아 졸졸 따라가던 기억이 난다. 그 빨간 불빛이 반딧불이 같이 따뜻해 보인다는 생각을 했었다.

눈 덮인 놀이터는 고즈넉하다. 발자국 하나 없다. 펄펄 날리는 눈발 속에서 순결한 흰빛 위에 발자국을 남기며 즐거워하던 시절이 생각난다. 눈이 주는 포근함 때문일까, 아쉬움보다는 회상할 수 있는 그런 푸른 시절이 내게도 있었다는 것에 감사한 마음이 든다.

휴대폰을 켠다. 친정아버지께 눈 때문에 들를 수 없겠노라 말씀드린다. 무사통과다. 몇 가지 해야 할 일들을 같은 이유를 들어 전화로 해결하고 나니 마음이 한가하다. 흰죽으로 간단히 아침을 해결하고 입가심으로 식은 커피 한 모금을 마신다.

거실 가득 햇살이 퍼진다. 흰빛 때문에 세상이 한결 환해진 것 같다. 한낮이 되면 햇볕의 성화에 눈이 녹으면서 난간 위로 똑똑 물방울이 떨어질 것이다. 비발디의 '사계' 중 '겨울' 2악장이 생각난다. 그 선율을 듣고 있노라면, 난로 옆 흔들의자에 앉아 눈 녹는 소리를 들으며 뜨개질하고 있는 여인이 연상된다. 그러나 나는 뜨개질 재주도 없고 흔들의자도 없으니 소파에 앉아 책을 읽기로 한다.

이덕무의 '청언소품집'을 펼친다. 이렇게 깨끗한 날은 맑은 글이 어울릴 것이다. 담백한 문체에서 가난한 선비의 매운 슬픔이 배어 나온다. 가난하여 《한서》를 이불로 덮고 《논어》를 병풍으로 삼을 만큼 추운 방안에서도 읽고 쓰기를 게을리하지 않았던 그를 생각하니 칩거라 이름 지은 이런 나의 호사가 조금 부끄러워진다. 아름다운 그의 문장들을 마음에 담는 것으로 면구함을 지워보려 한다.

가볍고 부드러운 것의 반란으로 바깥세상은 지금 비상이 걸려 있을 것이다. 그러나 나와는 무관하다. 15층 허공, 몇 평의 공간 속에서 나는 자유롭다. 나는 잠시 뒤 점심으로 무엇을 해 먹을까 고민하다가 건너편 지붕에 앉은 까치들의 끼니 걱정을 해보기도 하고, 라디오에서 흘러나오는 음악을 들으며 누워도 있다가, 따끈한 국화차 한 잔을 마시며 자주 가는 인터넷카페에 들러 댓글을 남기거나, 빈 화면 위에 생각의 부스러기들을 끼적거리기도 하면서 저녁을 맞을 것이다. 밤이 되어 창문을 열었을 때, 하얀 풍경 위로 이지러진 달이라도 한 조각 푸른 빛을 흘려준다면 더없이 좋을 것이다. 그렇게 나는 칩거의 남은 시간을 찰스 램의 〈회복기의 환자〉처럼 아끼며 야금야금 즐길 것이다.

시간의 길이

우렛소리가 들렸다.

하늘을 올려다보았다. 파란 하늘을 가르며 제트기 한 대가 날아가고 있었다. 순식간에 비행기는 사라지고 하늘에는 하얀 구름 같은 한 줄기 궤적만이 남았다. 그 길이를 눈으로 더듬어 보다가 정신이 번쩍 들었다. 아하, 저것이로구나. 저것이 시간의 길이로구나.

풀리지 않던 수학 문제의 답을 구한 듯 환희심이 일었다. 존재하되 존재하지 않는, 시간이란 놈의 실체가 바로 저것이었구나.

비행기가 그리고 간 것은 '지금'이라는 순간들이었다. '지금'이라고 말하는 순간 사라져 버린, 그 무수히 많은 '지금'이 만드는 시간이라는 것. 형태도 없는 그것이 내 눈앞에 버젓이 모습을 드러내고 있었다.

그렇다면 나를 스쳐 간 '지금'의 길이는 얼마만큼 인 것일까? 제트기의 속도에 따라 비행운의 길이가 다르듯이 내가 흘려보낸 시간의 길이 또한 다른 이들과 같지는 않을 터.

난자卵子라는 단세포에서 비롯되어 세포 분열을 거듭하며 무게를 늘리고 키를 키워 이만큼의 내 모습으로 만들어 놓은 것이 내가 보낸 시간이라면, 내 몸뚱어리가 내 시간의 길이가 되는 셈일까. 살갗과 살덩이와 뼈대와 핏줄, 이목구비며 오장육부에 차곡차곡 저장되어 있을 시간들. 내 몸과 함께 흔적도 없이 사라져 버릴 나의 지난 '지금'들.

비행운이 걷히자 파란 하늘이 천연덕스레 얼굴을 내밀었다. 무슨 일이 있었냐는 듯.

'지금'의 흔적, 시간의 실체를 한순간의 꿈처럼 잠깐 보았다.

파리의 우울

앞산이 부옇다. 올 들어 처음 찾아온 황사 현상 때문이다. 사막으로부터 일어나 쉼 없이 달려왔을 저 모래알들의 끝 간 데는 어디일까. 더러는 이곳에서 지친 걸음을 멈추기도 했으리라. 길 위에 내려앉은 누런 모래알들을 보며 흙에서 일어나 다시 흙으로 돌아가기까지 그 길었던 여정이 참으로 가뭇없다는 생각이 든다.

이 봄 들어 나는 심한 상실감에 시달리고 있다. 꽃 피고 새순 돋는 생명들의 잔칫날에 우울함을 느끼는 것이 새삼스러운 일은 아니다. 생성은 곧 소멸을 예고하는 것이기에 그 현란함이 부질없어 서글프고, 생성이 곧 소생일 수는 없는, 윤회의 허망함이 가슴 아파서이다.

그중에도 이 봄이 내게 유난한 것은, 사랑하는 사람들을 잃은 아픔이 있기 때문이다. 수필가 P선생님과 화가 한 분이다. 사실을 말하자면 이 봄에 떠나보낸 분은 P선생님에 불과하다. 오랜 투병 생활을 하던 그분의 죽음은 예견된 것이었기에 그래도 비교적 담담하게 받아들일 수 있었던 것 같다. 하지만 A화백의 죽음은 충격과 함께 나를 걷잡을 수 없는 허탈감에 빠지게 하고 말았다. 그는 이미 4년 전에 세상을 뜨고 없었던 것이다.

그의 죽음 소식을 듣는 순간 나는 연鳶줄처럼 그와 나 사이를 이어주고 있던 가느다란 끈이 끊어져 버리는 듯한 느낌이 들었다. 가물가물 멀어져 가던 연은 어느 순간 점이 되어 사라져버렸다.

그를 처음 만난 것은 파리에서였다. 이십수 년 전의 일이다. 나는 그때 내 인생에 있어 가장 고통스러운 시기를 맞고 있었다. 그래도 절망에까지 이르지 않을 수 있었던 것은 젊음이 있었기 때문이다. 그도 아마 그랬을 것이다. 빈곤과 외로움, 그 밖의 모든 좋지 않은 여건들을 예술로 승화시킬 수 있을 만큼 의욕적이었던 것도 어쩌면 감당할 만한 젊음이 있었기 때문이었을 것이다.

어떤 인연에 의해 그와 나의 만남이 서로 가장 고통스러웠던 시기에, 그것도 이국의 땅에서 이루어져야 했던 것인지 불가사의한 일이다. 지독한 염세주의에 시달리고 있던 나는 그의 그림을 보면서 묘한 전율을 느꼈다. 그는 생성과 소멸이라는 화두에 끈질기게 매달리고 있었다. 죽음을 삶의 연장선에 두었던 그는 생명의 근원인 난자卵子들로 화폭을 빼곡히 채우는가 하면 사후의 세계에 몰입했고, 무속이나 신화를 극사실적인 기법으로 묘사함으로써 두 세계를 넘나들이했다.

그는 늘 탈진상태에 있는 것 같았다. 그의 말처럼 '눈알이 빠지도록' 세세히 그려야 하는 고된 작업 때문이기도 했겠지만, 그보다는 어쩌면 수시로 삶과 죽음의 세계를 넘나드는 영적 여정에 기진한 것이지 싶다. 그림에 몰두할 때 그의 몸에서 흐르는 귀기鬼氣 같은 것이 그랬다. 하지만 탈진한 가운데도 눈빛만은 언제나 형형했다.

그러나 세월이 흐르면서 그는 차츰 지쳐 갔다. 궁핍한 생활, 고된 작업에서 오는 육체적 고통, 그리고 예술과 현실 사이의 괴리감 때문이었다. 나만 해도 그랬다. 그의 예술에 대한 열정과 집념을 인내하며 격려하기엔 나는 너무도 평범하고 현실적인, 아니 속물적인 여자였다. 게다가 새로운 삶을 꿈꾸며 도전했던 내 학업도 건강 때문에 포기해야 할 형편이어서 나 역시 지쳐가고 있었다. 얼마 후 나는 귀국하고 말았다.

그에게서 연락이 온 것은 그로부터 3년 후였다. 귀국해서 S대학 강의를 맡게 되었노라는 소식이었다. 학교 측에서 아틀리에 겸 숙소도 마련해주었다고 했다. 마음의 짐을 다소 던 듯한 느낌이었다.

그 후로 두 번 그를 만났다. 집 근처 카페에서 이루어진 첫 번째 해후는 서먹함만 남기고 짧게 끝났다. 그리고 그의 전시회에서 한 번. 그 후로 두어 번의 전화 통화는 연결되지 못한 채 십수 년이 흘렀다. 하지만 언제부터인가 S대학은 그립고 친근한 이름으로 내 안에 자리 잡고 있었다.

그날도 우연히 동석하게 된 젊은 화가가 S대학 강사라는 말에 울컥 반가운 마음이 들었다.

"A교수를 아세요?"

순간 그가 아연한 표정을 지었다. 잠시 후 그는 더듬거리며 대답했다.

"그분…… 돌아가셨는데요…… 99년도에……."

갑자기 머릿속이 텅 비어버렸다.

자살인 것 같다고 했다. 학교 재단과의 갈등 때문일 것이라 했지만 나는 그가 스스로 소멸의 길을 택한 이유를 알 것 같았다.

헛헛했던 그의 웃음소리가 귓가를 맴돌았다. 회한이 엄습해왔다. 문득 김소운 선생의 글 〈도마소리〉가 떠올랐다. 스무 해 전 첫사랑 연이가 죽은 줄도 모르고 늦은 밤 기차가 잠시 정차하는 사이에 그가 살고 있다는 도요하시의 텅 빈 플랫폼을 거닐어보며 그를 그리던 선생처럼, 그의 죽음을 알지 못한 채 S대학이라는 가느다란 끈을 붙들고 그리움에 젖어 지내던 지난 4년의 세월이 나를 비웃으며 달아나버렸다. 아니, 달아난 것은 어쩌면 파리의 우울, 그리운 나의 한 시대인지도.

치자 빛, 세 개의 이미지

단무지들이 놓인 진열대 앞에 섰다. 새콤달콤 소금물에 절인 무들이 저마다의 때깔을 뽐내며 간택을 기다리고 있었다. 그중 유난히 고운 노란빛에 눈길이 머물렀다. '치자 단무지'라고 쓰여 있었다. 노랑과 주황, 그 사이 어디쯤일까. 가늠하기 어려운 아련한 빛을 바라보고 있자니 세 개의 이미지가 연이어 떠올랐다.

흑백 사진 속 세 사람이 환하게 웃고 있다. 앞쪽 의자에는 하얀 머리띠를 한 운동회 복장 차림의 초등학생 나와 파자마 바지에 런닝 바람의 아버지가 앉아 있고, 뒤편 중앙에는 짧은 파마머리에 꽃무늬 저고리를 입은 어머니가 의자 등받이에 양손을 얹고 내 쪽으로 갸웃이 머리를 기울이고 서 있다. 아버지의 차림새로 보아 즉석에서 찍은 자동카메라 사진이지 싶다.

세 사람이 웃고 있다고 했지만 사실 웃고 있는 건 나와 어머니이고, 아버지는 약간 슬픈 눈빛을 하고 있다. 하지만 나와 어머니의 활짝 핀 웃음꽃 때문인지 사진은 모두가 웃고 있는 듯한 착시 현상을 불러일으킨다. 장소는 앞뜰 연못 앞. 의자 주변으로 붓꽃인지 난초 잎인지 무성하다.

아버지의 슬픈 눈빛이 전조前兆였을까. 몇 달 뒤 아버지는 우리 곁을 떠났다. 내 나이 8살 되던, 설 다음 날 저녁이었다. 세 사람이 함께 찍은 마지막 사진이었다.

우연이었을까, 어머니의 숨은 의도였을까, 사진을 찍었던 그 자리에 치자나무가 들어앉았고, 치자꽃 향기 스러진 자리에 제비 꼬리를 닮은, 꼬리 달린 열매가 맺혔다. 열매는 주황빛으로 익어갔다.

어느 날인가, 미처 거두지 못한 열매 하나가 소복이 쌓인 눈 위로 떨어졌다. 눈은 노르스름하게, 시나브로 주황빛으로 물들었다. 나는 노을빛 같은 그 눈덩이를 소꿉놀이 컵에 꾹꾹 눌러 담았다.

새아버지는 여름이면 모시 한복을 즐겨 입었다. 모시는 손이 많이 갔지만, 어머니는 땀을 뻘뻘 흘리면서 푸새며 손 다듬질, 무쇠 다림질로 아버지의 입성에 공을 들였다. 외출용 모시 남방은 치자로 물을 들였다. 여름이면 부엌 살강 위에는 늘 치자 열매가 담긴 베주머니가 얹혀 있었다. 쥘부채에 중절모자, 치자 빛 남방을 떨쳐입고 아버지는 딴 여인을 만났다.

어머니와 새아버지는 다툼이 잦았다. 나는 그 싸움들에 작정하고 무관심했다. 아버지는 물론이고 남편의 바람기를 증오하면서도 용서하고 인내하는 어머니도 싫었다. 아니, 경멸했다.

어느 날인가 심한 다툼 끝에 가재도구가 날았고, 그중 하나가 거실을 지나던 내 발등에 맞았다. 발등은 이내 부어올랐다. 발을 움켜쥐고 주저앉아 있는 나를 당황한 눈빛으로 바라보던 새아버지가 잠시 후 무언가를 들고 다급하게 다가왔다. 그리고 치자 물로 버무린 노란 밀가루 반죽을 내 발등에 붙여주었다. 상처 때문이었을까, 치자 반죽 때문이었을까. 발등이 후끈후끈했다.

부엌 창문에 저녁놀이 비친다. 주홍빛으로, 보랏빛으로 타오르던 노을은 차츰 치자 빛이 되어가더니 순식간에 잿빛으로 변한다. 그리고 이내 어둠이 몰려온다.

세 분 모두 죽음이라는 블랙홀로 빨려 들어가 버린 지금, 나 홀로 치자 빛을 끌어안고 그분들이 건너가 버린 '사건의 지평선' 주위를 서성이고 있다. 만일, 블랙홀이 무無가 아니라 또 다른 세계로 들어가는 통로를 품고 있는 것이라면, 그 지평선을 넘어서는 날, 세 분을 찾아가 애증의 그 빛 보따리를 풀어놓고 싶다.

숨은 길

나는 지금 아버지의 그림을 보고 있다.

5월쯤일까, 아니면 숨 가쁜 여름을 막 넘기고 난 9월쯤일까. 들판 위 하늘에는 연보랏빛 구름이 엷게 펼쳐져 있고, 맨 앞쪽, 그러니까 그림의 제일 아래쪽 길 오른편으로는 키 큰 들꽃들이 흐드러지게 피어 있는, 무척 낭만적인 그림이다.

그림을 물끄러미 보고 있노라면 나는 어느덧 헤르만 헷세의 방랑을 꿈꾸며 풀밭에 누워 있던 십대 소녀 시절로 되돌아가곤 한다. 바람, 구름 같은 정처 없는 것들을 사랑하며 자유를 꿈꾸던 시절.

하지만 완전한 자유란 없다는 생각이 든 이후, 나는 '인생이란 한 조각 구름이 피어났다가 사라지는 것과 같다'라든가, '모든 것은 마음 가운데 있다'라는 글귀들이나 읊으며 마음 다스

리기를 하고 있다. 그러나 무상감도 무상해질 만큼 매사에 심드렁해질 때면 거실에 앉아서 아버지의 이 그림을 바라보곤 한다. 그러면 젊은 날의 쌉쌀하면서도 달콤했던 고독이 미열처럼 스멀스멀 피어올라 내 몸을 데워준다.

내가 아버지께 굳이 이 그림의 계절을 물어보지 않는 것은 앞쪽에 보이는 길 때문이다. 시멘트 길도, 황톳길도 아닌, 그냥 흙길은 햇빛을 받아 하얗게 빛나고 있다. 나는 그 길 위에 나를 올려놓는다. 5월의 훈풍이어도 좋고, 9월의 삽상한 바람이어도 좋다. 양산을 들어도 좋고 모자를 써도 좋다. 아니, 맨머리 그대로인들 어떠리. 미풍에 머리카락을 날리며 나는 천천히, 아주 천천히 그 길을 걸어간다.

길은 왼편 풀숲을 휘돌아가며 모습을 감춘다. 그 길을 따라 내 모습도 잠시 사라진다. 이따금 자맥질하듯 들판 위로 모습을 보이다가 이윽고 하나의 소실점이 되어 사라져버린다. 그러나 길은 아직 끝나지 않았다. 그림 속에서 나는 영원한 자유인이 되는 것이다.

바랑 하나 달랑 걸머지고 굽은 길을 가는 수행승의 뒷모습을 담은 사진을 본 적이 있다. 그 가뿐한 뒷모습에서 배어 나오는 자유가 가슴을 저리게 했다. 실제로 그에게 그 길은 그렇게 홀가분한 것이 아니었을지도 모른다. 그러나 사진이라는 정지된 화면과 휘돌아 숨어버린 길, 그리고 출가자라는 신분과 뒷모습은 무한한 상상의 세계를 제공함으로써 나를 자유롭게 해주었던 것이다.

> 인생이란 나그네와 같아서 두 발을 잠시도 멈출 수 없네
> 날마다 앞을 향해 나아가건만 앞길은 또 얼마나 될까
> 人生似行客 兩足無停步, 日日進前程 前程幾多路

백거이의 탄식처럼 삶이란 쉼 없는 도정道程에 다름 아니다. 그 길은 언제나 숨은 길이다. 게다가 수많은 가닥으로 갈라져 나타나 끊임없이 선택을 요구하곤 한다. 그중 한 길을 택할 수밖에 없는 우리는 그래서 늘 선택한 길에 대한 불안과 나머지 길들에 대한 미련을 안고 사는 게 아닌가 싶다. 얽히고설킨 인연의 줄을 달고 눈에 보이지 않는 길들을 쉼 없이 더듬어 가야 하는 삶의 여정은 그래서 영원히 자유로울 수 없는 것이다.

아버지는 무척 자유분방하게 살았다. 많은 예술가들이 그렇듯이 감성에 충실하고 구속을 싫어하여 가족에게는 적지 않은 고통을 안겨 주었다. 그만큼 아버지에 대한 원망도 쌓여 갔다.

그런데 여느 때처럼 그림을 바라보고 있던 어느 날, 문득 아버지도 그렇게 삶이 자유로웠던 것만은 아니었을지도 모르겠다는 생각이 들었다. 자유가 선택에 이르면 오롯이 자유일 수 없을 터. 아버지는 우리가 생각했던 것과는 달리 나름대로 얽매어 힘들었을 수도 있겠다 싶은 것이다. 예술이 표현하고

자 하는 것은 체험이기도 하지만 자기 안에 잠재된 욕구이기도 하다. 내가 이 그림 위에 나를 올려놓고 시름없는 방랑을 꿈꾸어보듯이, 아버지 역시 이 그림을 통해 온전한 자유를 맛보고 싶었던 것은 아니었을까.

기실 자유만큼 두려운 것이 있을까? 그 두려움 때문에 나는 내 삶을 스스로 굴레를 쓰고 등 떠밀려 가는 비겁함으로 일관해왔던 것 같다. 한 치 앞을 내다볼 수 없는 것이 인생이기에 한편 희망을 가질 수 있고 의욕도 생기는 것이겠지만, 그 은밀함이 두려워 이 나이 먹도록 아직도 나는 쭈뼛거리며 살고 있다. 다만 정지된 화면 속의 숨은 길에서나 자유를 맛보며.

고독의 조건

분명, 어머니는 현관 유리문 안에서 나를 지켜보고 계실 것이다. 그 사실이 두려워 나는 뒤를 돌아보지 않았다. 계단을 내려서고, 어둠이 깔린 마당을 가로질러 대문까지 가는 동안 등 뒤에 떨어지고 있을 어머니의 시선을 짐짓 모른 체했다. 차에 시동을 걸고 운전대에 손을 올려놓으면서 비로소 현관 쪽을 올려다보았다. 얼기설기 얽힌 대문 살 사이로 환한 불빛을 등지고 우두커니 서 있는 어머니의 모습이 보였다. 차가 떠난 뒤에도 한동안 어머니는 좋지 않은 시력에 안간힘을 모으며 대문 밖을 살필 것이다. 그리고 혀를 차며 돌아설 것이다.

'모진 것….'

모질게 마음을 먹으며 가속페달을 밟았다. 그렇게 나는 어머니를 남겨두고 집으로 돌아왔다.

"오늘 저녁에 나갈 거니, 안나?"

외출 준비를 마치고 눈앞에 서 있는 하녀를 보고 테레즈가 물었다. 그녀는 그 아이를 붙잡아두고 싶었다. 그릇 부딪히는 친숙한 소리, 그리고 그 아이가 흥얼거리는, 후렴이 끝없이 되풀이되는 알사스 노래를 더 듣고 싶었다. 살아 있는 유일한 존재, 활기찬 젊음이 내는 소음을 듣고 있노라면 안도감이 들었기 때문이다.

> "빗소리가 들리지 않니, 얘야? 밖에 나가서 뭐 하려고? 비 맞을 게 걱정도 안 되니?"
>
> "지하철까지 안 멀어요."
>
> "옷이 다 젖을 텐데."
>
> "길거리에 있지 않을 건데요. 영화 보러 갈 거예요."
>
> "오늘은 그냥 집에 있으면 안 되겠니? 내가 몸이 좋지 않구나."
>
> "…. 우유를 좀 데워다 드릴까요?"
>
> "아니, 아니다. 괜찮다. 아무것도 필요 없다. 그냥 가거라."
>
> "그럼, 난로에 불을 지펴 드릴까요?"
>
> 테레즈는 추우면 자기가 불을 지피겠노라며 하녀를 내보냈다.

모리악의 소설, 《밤의 종말》의 첫 대목이다. 홀로 남겨지는 것이 두려운 늙은 테레즈와 그로부터 벗어나고 싶은 젊은 안나의 대화. 그건 바로 조금 전 어머니와 내가 연출했던 광경에 다름 아니었다. 다른 점이 있다면, 현실 속의 안나는 테레즈의 두려움을 어느 정도 짐작하는 중늙은이라는 것이다. 그럼에도 모질게 돌아서는 것은, 아픔도 죽음도 철저히 개별적인 것이라는 어느 소설가의 말처럼, 천륜지간에도 개별적인 것들이 존재할 수밖에 없기 때문이다. 고독 또한 그러했다.

삼십여 년 전, 크리스마스 무렵이었다. 파리 외곽, 낭떼르Nanterre시 허공 한 귀퉁이에서 맞는 세계의 명절은 쓸쓸했다. 건너편, 토치카처럼 얼룩무늬가 그려진 싸구려 임대아파트의 창문들에서는 오색 전구들이 깜빡이고 있었다. 크리스마스트리는 단란함의 상징처럼 켰다 꺼졌다 하기를 반복하며 내 가슴을 후벼댔다. 오른편, 라 데팡스La Défense로부터 넘어오는 고가차도 위에는 자동차 전조등 불빛이 꼬리를 물고 이어지고 있었다. 그러나 그 수많은 불빛 중 어느 하나도 나를 찾아오는 것은 없을 터였다. 적막감이 밀려왔다. 하지만 그 적막은 내가 선택한 것이었다.

처음 파리에 발을 들여놓던 날, 이국의 도시에서 나는 소리 내어 웃었다. 나에 대해 아는 사람이 아무도 없다는, 그래서 철저히 외로워질 수 있다는 것이 나를 유쾌하게 했다. 그리고 난 그 고독을, 쓰디쓴 그 맛을 달콤하게 즐겼었다. 그런데, 그 달콤함이 사라지기 시작한 것이다. 혀뿌리는 친절하게도 그

쓴맛을 기억하고 있다가 조금씩 목구멍으로 흘려보내고 있었다. 얼마 후, 나는 짐을 꾸려 서울행 비행기에 몸을 실었다.

깊은 밤, 잠든 두 아이와 아내를 바라보며 상허 이태준 선생은 '아내와 아기가 옆에 있되 멀리 친구를 생각하는 것도 인생의 외로움이요, 오래 그리던 친구를 만났으되 그 친구가 귀찮음도 인생의 외로움'이라 했다. 관계에 얽히고설켜서도 어찌해볼 수 없는, 아니 그로 인해 더욱 깊어지는 외로움에 대한 처방으로 내가 택한 것은 고립이었다. 견고한 고독 속에 도리어 나를 가두어 두는 것이었다. 관계에 대한 목마름이 깊어지면 고독은 슬그머니 꼬리를 감추었다.

'관계'로 인해 일어나 '관계'에 의해 소멸되는 존재의 공허함. 관계로부터 놓여날 때 고독은 비로소 온전해지는 것일까. 어쩌면 그 온전함이 두려워 관계의 끈을 놓지 않으려 애면글면하는 것은 아닌지.

디지털 자물쇠에 숫자를 입력한다. 현관문이 열리자 센서가 불을 밝힌다. 빈집을 지키고 있던 어둠 한 조각이 화들짝 놀라 물러난다.

지금쯤 어머니는 온 집 안에 불을 환히 밝히고 계실 것이다. 불이란 불은 모두 켜고 이 방 저 방을 기웃거리다가 이윽고 안방 형광등 아래 오도카니 자릴 잡으실 것이다. 그리고 돌아갈 관계가 없는, 절대도 상대도 아니고 달지도 쓰지도 않은, 더 이상 아무런 것도 아닌 고독에게 곁을 주고 남은 시간을 지워갈 것이다.

거실 등을 켠다. 또 한 조각의 어둠이 밀려난다. 오롯이 드러나는 외로움. 쓰다. 안도감이 든다. 다행히도 내 고독은 아직은 맛이, 있다.

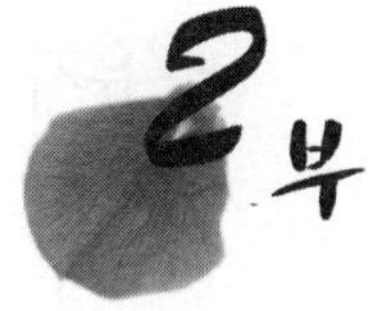

유자가 있는 풍경
우체국에 가면
분꽃
까마귀와 까치
뽕짝
금붕어 이불
뒷모습
그리움 하나 점 하나

유자가 있는 풍경

과일전 앞에서 걸음을 멈춘다. 가지런히 놓인 홍시가 햇볕에 말갛게 속살을 드러내고 있었다. 다섯 개를 골라 봉지에 담는다. 좋아하실 어머니 얼굴이 떠오른다. 품어가 반겨줄 어머니가 계셔서 흐뭇한 마음이다. 하지만 어느 가을날, 가게 앞에 우두커니 서서 잘 익은 감을 바라만 보다가 쓸쓸히 빈손으로 돌아설 내 모습을 상상하니 가슴이 시려온다. 다섯 개를 더 골라 담는다.

진열대를 둘러본다. 결실의 계절이라고 하지만 과일의 종류는 그저 그렇고 그런 것들이다. 수입산에다 재배와 저장 기술의 발달로 제철 없이 과일이 흔해진 탓일 것이다. 심드렁하게 훑어 내리던 내 눈길이 문득 진열대 밑에 놓인 상자 안에 머문다. 무더기로 엉킨 노란빛이 신선하다.

"어머, 유자네!"

냉큼 하나 집어 들어 코끝에 대본다. 낯설지 않은 향기가 유년의 추억 속으로 나를 이끈다. 고샅길을 따라 빽빽하게 우거진 탱자나무 울타리. 검푸른 빛이 도는, 두터우면서도 매끈한 잎사귀와 굵은 가시 사이에 숨어 보석처럼 빛나던 노란 열매들. 그리고 손안에서 주물럭거리다 한 입 베어 문 탱자의 시고 떫던 맛. 몸서리를 치면서도 다시 깨물게 하던 그 향기 한 자락이 유자에 묻어 있다.

"차 담그시게요?"

가게 주인이 묻는다. 진열대 한켠에는 갓 담은 듯한 유자차 단지 몇 개가 놓여 있다. 쓰임새가 적어 하우스 재배를 하지 않는 까닭일까. 유자의 철은 유난히 짧다. 그렇다고 서둘러 단지 안에 향기를 가두어두고 싶은 마음은 들지 않는다. 이파리가 달린 것으로 예닐곱 개를 골라 든다. 가을이 봉지 안으로 성큼 들어와 앉는다.

나무 소반에 담아 장식장 위에 올려놓는다. 한 무리의 노란 빛으로 방안은 갑자기 향기롭고 따뜻해진다. 문득 이영희 님의 수필 〈레몬이 있는 방안〉이라는 글이 떠오른다. 그러고 보니 레몬과 흡사한 빛깔이다. 하지만 유자의 빛은 좀 더 온화하다. 애정을 상징한다는 노란색. 그래서 질투와 시기의 의미를 갖기도 하는 노란빛은 그러나 유자에 머물러서는 날카로움을 접고 순후함만을 담는다.

'알찬 부피를 느끼게 하는, 차고 매끄럽고 얄밉도록 세련'된 모습이 레몬의 생김새라면, 유자는 다소 성글고 꺼칠하고 투박한 모습이다. 저미는 칼끝에서 팽팽한 탄력이 느껴지는 레몬과는 달리 속살 또한 여리고 무르기 짝이 없다. 하지만 야물지 못한 그 모습에서는 어쩐지 속 깊은 정 같은 것이 느껴진다.

오감을 깨울 듯 상큼한 향을 지닌 레몬에 비해 유자의 향기는 유순하고 은은하다. 강하게 자극하고 순식간에 달아나 버리는 휘발성 방향芳香이 아니라, 가볍게 시작하여 깊은 여운을 남기는, 품에 스미는 향기다. 그래서일까 유자의 향에서는 어떤 품격 같은 것이 느껴진다. 탈속脫俗의 무심無心이나 매란국죽梅蘭菊竹의 엄정함이 아닌, 겸양의 덕을 갖춘 소탈한 선비의 기품을 닮았다고나 할까.

그 때문일까. 유자는 '자줏빛 커트 글라스나 하얀 식탁보가 씌워진 깔끔한 테이블 위'보다는 한지를 바른 창으로 햇볕이 은은하게 드는 정갈한 방이 더 어울릴 것 같다. 되도록 가구가 없는, 기름먹인 장판지의 불투명한 윤기 위로 햇살이 따사로운 그런 방, 그 지창紙窓 밑에 놓인 문갑 위라면 더욱 좋겠다. 깊은 가을, 소반에 담긴 몇 알의 유자는 가난한 방을 넉넉하게 채워 줄 것만 같다.

차디찬 이성理性으로 나를 꽉 채우고 싶던 날들이 있었다. 팽팽한 긴장이 곧 삶인 줄 알고 조바심치며 살아온 날들이었다. 그러나 이제는 조금 헐겁고 느슨해지고 싶다. 어차피 인생은 채워지지 않는 그릇 같은 것. 완벽을 향해 달리던 무모한 정열을 그만 접고, 가붓이 앉아 모자람이 주는 넉넉함의 의미를 헤아려보고 싶다.

우체국에 가면

동창생에게서 온 편지를 읽는다. 친정어머니 초상에 문상을 해주어 고맙다는 내용이다. 궁서체로 인쇄된 글은 깔끔하고 정중했지만, 친필만큼 친근감은 들지 않는다. 그럼에도 이 편지가 각별한 느낌으로 와닿는 것은 그것을 읽고 있는 장소가 우체국이기 때문이다.

해외에 있는 문우에게 우편물을 보낼 일이 있어 집을 나서다가 우편함에 들어 있던 편지를 꺼내어 가방에 담은 채로 우체국에 왔다. 우편물의 무게를 달고, 수신국을 확인하고, 우송방법을 선택하는 간단한 절차를 거쳐 비용을 치르고는 문을 나서려다 창문 쪽에 놓인 소파에 엉거주춤 걸터앉고 말았다. 우체국에 오면 늘 그랬다. 볼일을 끝내고도 뭔가 남겨두고 가는 듯, 아쉬움에 선뜻 발길을 돌리지 못하고 눌러앉고는 한다.

오늘 역시 그랬다. 그러다가 문득 가방 안에 넣어둔 그 편지가 생각난 것이다.

무형의 마음들이 오가는 자리에서 읽어서일까. 답례 서신의 의례적인 문구도 오늘만큼은 살갑게 다가온다. 우체국 문을 들어서고, 창구 앞에 서서 차례를 기다리며 보낼 편지들을 헤아리고 있는 친구의 모습이 떠오르며 그의 체온이 전해오는 듯 마음이 훈훈해진다.

십여 년을 들락거려 낯익은 실내를 둘러본다. '낯익은'이라 했지만, 그동안 이 안의 풍경도 꾸준히 작은 변화를 겪어왔다. 집기들이나 실내장식도 심심찮게 바뀌었고, 디지털 시대에 걸맞게 우편물의 처리 과정도 간편해지고 인터넷 검색용 컴퓨터며 프린터도 한쪽 코너에 마련되었다. 우체국이 금융 업무를 겸하게 된 것은 이미 오래전 일이다. 이제는 공과금을 납부하는 자동화기기까지 한 자리를 차지하고 있어 은행과 다를 바 없어졌다. 하지만 내가 세련되고 깔끔한 분위기의 은행을 마다하고 공과금 고지서를 들고 굳이 우체국을 찾는 것은 한켠에서 오가는 소박한 정情을 지켜보는 즐거움이 있기 때문이다.

크기별로 피라미드처럼 쌓여 있는 견본용 소포 상자들. 포장용 테이프며 노끈, 매직펜과 가위, 풀 등이 놓여 있는 널찍한 책상. 무인 판매대에 꽂힌 여러 종류의 봉투들. 비닐코팅 된 두툼한 우편번호 책. 홍보용으로 전시된 우표며 축하 카드들을 둘러보고 있노라면 문득 마음이 설렌다. 누군가에게 매직

펜으로 굵직하게 주소를 적어 소포를 부치고 싶고, '잉크 냄새 나는 편지'를 쓰고 싶고, '눈부신 화살처럼 날아가' 기쁨을 안겨 주는 축전을 보내고 싶어지는 것이다.

누군가 펼쳐 놓고 간 우편번호 책을 들여다본다. 낯선 지명들이 빼곡히 적혀 있다. 책장을 뒤적여 낯익은 동네 이름들을 찾아내고는 우편번호를 확인해본다. 여섯 자리의 숫자 위로 고향이 보이고 지인들의 얼굴이 어른거린다. 그리움이 밀물처럼 밀려온다.

눈을 돌려 창구 안쪽에 있는 우편물 분리함을 바라본다. 세분된 함 속에서 떠날 시간을 기다리고 있을 편지들. 불현듯 낯선 거리의 우수와 자유로움이 나를 유혹한다. 시인 네루다에게 편지를 전하기 위해 바닷가를 달리는, 영화 〈일 포스티노〉의 젊은 우체부 마리오의 자전거 바퀴가 보이고, 안도현 시인이 노래한 '두 눈이 짓무르도록 수평선을 바라보았을, 그리하여 귓속에 파도 소리가 모래처럼 쌓였을' 오래된 바닷가 우체국이 보인다. 연인의 편지를, 가끔은 그녀의 정원에 핀 아름다운 꽃들과 함께 전해주던 열일곱 살 우체부의 죽음을 기타로 노래하는 샹송 가수 조르주 무스타키의 수염 덥수룩한 얼굴과 담배 연기 자욱한 카페도 어른거린다.

발길 닿는 대로, 마음 내키는 대로 그렇게 불쑥 여행을 떠나고 싶은 적이 많았다. 그러나 건강이 허락할 때는 생활이 발목을 잡더니 이제는 건강이 발목을 잡는다. 그래서 내가 즐겨하게 된 것이 지도 여행이다. 두툼한 지도책을 펼쳐 놓고 꽃구경도 떠나고 피서도 하고 단풍놀이며 눈 구경도 즐긴다. 일간지 여행 정보에 올랐던 장소나 지인들이 다녀온 곳을 더듬어가다가, 표지도 없는 숨은 길들을 따라 심산유곡에도 이르러보고 허름한 포구도 기웃거려본다. 홀로, 더러는 마음 맞은 이를 동반자로 삼아도 보며 시공은 물론이요, 금전과 체력의 제약도 받지 않으니 김삿갓이 부럽지 않은 여행이다.

우체국에 오면 지도책을 앞에 한 듯 그렇게 가벼운 흥분이 인다. 이곳은 터미널이다. 자루에 실리고 배낭에 담기어 길을 떠나는 마음들. 그 크고 작은 꾸러미들에 내 마음을 얹어 여행을 떠나본다. 면전에서는 차마 표현하지 못했던 마음들. 작은 다툼으로 언짢아진 이에게는 미안한 마음을, 아픈 이에게는 위로의 마음을, 그리운 이에게는 그리움을 전하는 편지나 소포가 되어 길을 떠난다. 사이버 세계를 통해 눈 깜짝할 사이에 전해 놓고 후회하는 설익은 마음이 아니라, 굽이굽이 여정旅程을 거치면서 조금은 남루해졌지만 곰삭은 정을 전하고 싶은 것이다.

낯선 거리를 밟고 싶을 때면 나는 우체국에 간다.
'사람'이 그리울 때면 나는 우체국에 간다.
그 '사람'에게서 상처를 입었을 때도 나는 우체국에 간다.

분꽃

가슴에 묻어 둔 그리움들이 있다. 질화로 속에 담긴 불씨처럼 그렇게 가슴 깊숙한 곳에 들어앉아 자칫 냉랭해지려는 내 삶에 온기를 불어넣어 주곤 하는, 내 인생의 동반자이다. 때론 선명한 윤곽을 지닌 실체로, 때로는 안개처럼 모호한 모습으로 불현듯 그리움은 다가온다.

그런데 요즈음 들어 그리움의 대상들이 변화를 일으키고 있다. 새로 밝는 날에 대한 기대감이 줄어져 가기 때문일까. 귀소본능처럼 세월을 거슬러 오르려고만 한다. 화사한 봄보다는 까칠해진 가을에, 빛을 여는 아침보다 빛을 거두어들이는 어스름 저녁에 편안함을 느끼는 것도 같은 맥락이 아닌가 싶다.

그 어스름 녘에 피어오르는 저녁연기와도 같은 그리움을 주는 꽃이 있다. 목을 뽑아 올린 긴 기다림 끝에 저녁 이내를 머금고 피어나는 꽃, 이제는 세월의 뒤안길로 밀려나 버린 내 유년의 꽃, 분꽃이다.

분꽃은 한여름에 피기 시작하여 하룻밤 무서리에 속절없이 무너져 버리는 다년생 풀꽃이다. 하지만 풀꽃답지 않은 굵고 붉은 대궁이 당차 보이고 그 줄기의 뻗음새가 제법 운치를 느끼게 할 만큼 멋들어지다. 밋밋하게 치솟는 여느 풀꽃과는 다르게 마디마디 살짝 틀어 절묘한 각도를 이루어 내는 것이 마치 한 폭의 절지화를 보는 듯 잔잔한 감흥을 불러일으킨다.

갸름한 하트형의 잎사귀를 이웃하고 피어나는 꽃송이는 이런 줄기와는 사뭇 대조적이다. 하양, 노랑, 진분홍, 점박이, 줄무늬와 같은 다양한 색상을 띠고 마치 팡파르를 울리는 작은 트럼펫마냥 사방으로 엇갈려 피는 꽃송이는 차라리 연약한 느낌이다. 흡사 나팔꽃의 축소판이다. 그러나 나팔꽃과는 피는 시각도 다를뿐더러 분위기도 판이하다. 아침이슬을 머금고 피는 나팔꽃이 생기발랄하고 천진난만한 어린아이를 연상케 한다면, 저녁 이내와 더불어 피어나는 분꽃은 지분 냄새 은은히 풍기는 성숙한 여인의 정취를 느끼게 한다.

해바라기 같은 열정도, 장미꽃 같은 요염함도, 달맞이꽃과 같은 처연함도, 코스모스나 들국화와 같은 청초함도 없다. 그저 소박하고 편안한 모습일 뿐. 그러나 봉숭아, 맨드라미, 채송화 같은 꽃들이 주는 소박함과는 다른 멋이 분꽃에게는 있다.

바람처럼 떠돌다가 어느 날엔가는 찾아들 지아비를 그리며 저물녘이면 살며시 매무새를 다듬어 보는 아낙. 긴 밤 별을 우러르며 기다림에 애를 태우다, 쏟아지는 아침 햇살에 그만 그리움을 접어 가슴에 묻고 마음 추슬러보는 여인. 그러나 체념과 기다림의 되풀이 끝에 그리던 임 돌아와도 원망 한마디 하지 못하고 슬며시 돌아서 눈물 글썽이는 순박한 여인네 같은 꽃. 그 돌아서는 옷깃에서 얼핏 풍기는 은은한 향내….

분꽃에서는 어쩐지 시집간 언니 혹은 젊은 날의 우리네 어머니와 같은 이미지가 느껴진다. 당차고 검박한 살림꾼이면서도 저녁이면 어쩔 수 없이 거울 앞에 다가앉는 여인일 수밖에 없는 꽃. 살포시 내민 꽃술은 그리움에 애태우는 여인의 속눈썹에 맺힌 이슬방울처럼 애잔한 느낌을 준다.

분꽃에 유달리 정이 가는 것은 비단 내 유년의 추억이 어려 있어서만은 아니다. 저녁에 피어 아침에 지는 그 속성에 기다림과 체념의 미학이 있고, 무서리가 내리기까지 끊임없이 피워내는 그 줄기찬 생명력과 자극적이지 않은 은은한 향기, 소박한 모습에서 이제는 사라져 가는 한국인, 특히 한국 여인의 정서인 은근과 끈기를 느낄 수 있어서라면 지나친 말이 될는지.

마지막 정염을 불태우며 석양이 진다. 마을 어귀를 감돌던 매캐한 연기는 옛이야기처럼 사라져버리고 없지만, 돌확 옆에 자릴 틀고 앉은 분꽃은 오늘도 예나 다름없이 매무새를 다듬기 시작한다. 그 곁에 쭈그리고 앉아 나는 그 가녀린 목줄기 속에서 저녁참 동네 골목을 메아리치던 어머니들의 목소리를 듣는다.

"○○야! 밥 먹어라."

자력에 끌리듯 목소리를 따라 아이들이 하나둘씩 떠나 버린 골목길은 내려앉는 어둠과 함께 적막감에 빠져들고, 여기저기 놀이의 흔적만 쓸쓸히 남는다. 사방치기 하던 돌멩이, 땅따먹기로 모자이크처럼 조각난 길바닥, 그리고 넓적한 돌판 위에 소꿉놀이로 짓이겨진 풀잎의 푸른 물, 하얀 가루….

까맣게 잘 여문 분꽃 씨앗 하나를 따 본다. 지구의처럼 생긴 둥글고 단단한 껍데기를 손톱으로 헤집으니 작은 알맹이가 오롯이 들어앉아 있다. 얇은 속껍질을 조심스레 마저 벗겨 내자 뽀얀 속살이 드러난다. 손등에 대고 문질러 본다. 군데군데 분꽃 가루로 하얗게 얼룩진 소꿉동무의 둥근 얼굴이 손등에서 환하게 웃고 있다. 엄마가 되겠다고 하얗게 분칠한 친구의 얼굴이.

스르르 눈을 감고 꽃술 가까이 코를 대본다. 어린 시절 칭얼거리며 휘감고 돌던 어머니의 치마폭에서 풍기던 은은한 향내가 코끝을 스친다. 가슴이 훈훈해진다. 나도 과연 내 아이의 기억 속에 우리 어머니와 같은 그런 향긋한 체취로 남아 있을 수 있을까?

분꽃 하나를 따 든 채, 어둠이 내리고 있는 골목길로 내 아이를 찾아 나선다.

까마귀와 까치

갑자기 밖이 소란해졌다. 까치 소리였다. 앞 베란다로 나가 내다보니 까치들이 건너편 동棟 지붕 위에 새까맣게 내려앉아 있었다. 뿐만 아니었다. 그보다 더 많은 까치들이 공중을 선회하고 있었고, 그중 몇몇은 상층 베란다 난간에 내려앉기도 했다. 전에 없던 일이었다. 뭔가 위태로운 기운이 흘렀다. 퍼뜩 불길한 생각이 들었다. 자연재해에 민감한 것이 미물들이라 했는데, 혹시? 하지만 설령 그렇다 하더라도 눈앞에서 벌어지지도 않은 일을 두고 인간인 내가 할 수 있는 일은 없었다. 그래서 더욱 불안했다.

뒤 베란다로 나가보았다. 그곳에서 본 광경도 마찬가지였다. 동과 동 사이를 불규칙하게 날아다니며 우짖는 까치들로 인해 불안감은 더욱 짙어졌다. 불현듯 미스터리로 남은 두어

해 전 일이 떠올랐다.

이곳 아파트에 입주한 지 30년이 넘는 동안 우리 아파트 텃새는 까치였다. 까치가 울면 손님이 온다는 말도 있듯이, 낯선 이를 분별할 줄 아는 영민함을 가지고 있다고 해서 그들을 친숙하게 느끼며 살아왔었다. 그런데 언젠가부터 까치 대신 까마귀들이 지붕을 점령하기 시작했다. 몸통이 온통 시커먼 데다 울음소리도 덩치도 까치보다 크고 거칠어 음산한 느낌이 들었다.

음산하다는 느낌은 어쩌면 선입견일 수도 있다. 예로부터 시체를 먹는 식성으로 인해 죽음을 상징하는 새라는 부정적인 이미지가 각인되어 있어서일 것이다. 하지만 연암 박지원은 능양시집서菱洋詩集序에서 까마귀 빛깔을 검다고만 함은 눈으로 정하고 마음으로 미리 정한 것일 뿐 그 검은 빛은 보기에 따라 여러 빛깔이 될 수 있다며 편견과 선입견을 버리라 했고, 시인 김현승은 까마귀 울음을 '목에서 맺다/ 살에서 터지다/ 뼈에서 우려낸 말/ 중에서도 재가 남은 말소리'라며 여타 새소리와 격조가 다름을 노래했는가 하면, 당나라 시인 백거이는 〈자오야제慈烏夜啼〉라는 시를 지어, 새끼가 크면 늙은 어미를 먹여 살리고 어미가 죽으면 밤을 새워 슬피 운다며 까마귀의 반포지효反哺之孝를 칭송하기도 했다. 그럼에도 나는 오랜 세월 지배해온 부정적 이미지를 떨쳐버리지 못해 좀체 그들과 가까워지지 않았다. 음식물 쓰레기통 근처를 얼쩡대는 그들을 보면 섬뜩하기까지 했다. 까치들은 도대체 왜, 그리고 어디로 사라진 것일까?

그런데 까마귀의 자리를 오늘 다시 까치가 차지하고 있었다. 어쩌면 저 부산하고 위협적인 까치들의 단체행동은 그들이 마침내 까마귀와의 싸움에서 승리했음을, 그래서 이곳이 그들의 영역임을 상대에게 과시, 인식시키려 함인지도 모르겠다.

만물의 운동과 변화를 이야기한 고대 그리스의 자연철학자 헤라클레이토스(BC 535~475)는 '같은 물에 두 번 발을 담글 수 없다'며 만물의 끊임없는 변화를 주장했다. 그 변화의 주체는 대립자다. 만물은 대립자로 되어 있고, 세계는 투쟁에 의해 다스려지며, 만약 투쟁이나 대립이 없다면 세계는 정체되고 죽을 것이라 했다. 그런 의미에서 그는 전쟁을 만물의 왕이라 했지만, 그렇다고 인간이 벌이고 있는 무차별 파괴적인 전쟁까지 당위성을 얻을 수는 없겠다. 하지만 만물이 대립자와의 경쟁에 의해 변화하고 성장한다는 사실은 부인하기 어려워 보인다. 어쩌면 덩치에서 까마귀에게 밀린 까치들은 그동안 절치부심 개체수를 늘려 힘을 비축해온 것인지도 모른다. 대립자에 의해 깨치고 변화하고 발전한 것이리라. 까마귀 또한 그런 과정을 거쳐 언젠가는 영역을 되찾게 될 것이고, 그러다 보면 어느 시점에 이르러 까치와 까마귀는 상생相生의 길을 도모할 수도 있지 않을까.

오늘도 뉴스는 끊임없이 크고 작은 세상 속 싸움 소식을 전한다. 역사는 대립과 경쟁이 큰 줄기를 이루고 있다. 우리는 그것을 발전이라 부르기도 한다. 예술도 철학도 마찬가지다. 하지만 새로운 논리, 새로운 경향임을 주장하는 ○○주의, ○○론도 살펴보면 전혀 새로운 것이라기보다는 헤라클레이토스의 말처럼 대립자 안에 대립자를 받아들인 결과물인 연합 내지는 조화調和에 가깝다. 이 세상에 새로운 것도 영구불변의 것도 없다는 얘기다. '나'라는 존재 역시 알게 모르게 내 안에 들어온 대립자들에 의해 늘 거듭나고 있다는 생각이 든다.

수십 년 전 파리에 머물고 있을 때였다. TV를 틀자 문학 토론 프로그램이 한창 진행 중이었다. 두 명의 토론자가 수시로 상대방의 발언을 치고 들어가 자기 의견을 피력하고 있었지만, 진행자는 수수방관하고 있었다. 싸움의 장을 열어두고 지켜만 보고 있는 것이었다. 방송은 그들이 언쟁하고 있는 채로 페이드아웃 되었다. 판단은 오롯이 시청자 몫이었다. 하지만 어느 편으로 기울었든, 개입자 없는 열린 싸움으로 인해 시청자 중 누군가는 두 토론자의 의견이 절충된 자기만의 의견을 갖게 될 터이다.

싸움은 동식물의 세계에만 있는 것이 아니다. 무생물인 바위도 오랜 세월 비와 바람, 파도와의 싸움으로 모래가 되어 변화된 삶을 산다. 자연은 열린 싸움의 장이다. 적자생존適者生存의 냉혹함은 있지만, 중재자 없는 싸움에 의해 자연은 스스로 변화하고 진화하며 질서를 이룬다.

부화뇌동, 편 가르기 싸움이 만연한 요즘 우리 사회. '자연을 순수하다고들 하는데, 그 자연은 섞여 살고 있으니, 섞여야 순수한 것'이라며 통섭을 주장한 생물학자 최재천 교수의 역설을 되짚어보며, 광화문 광장이 편견이나 선동 없는 열린 싸움의 장이 되어 시대적 아포리아aporia*를 함께 헤쳐 나가는 날이 오기를 꿈꿔 본다.

---

* aporia: 그리스어로 a+poros(not+road), 해결할 수 없는 어려운 문제를 뜻함

뽕짝

아랫녘에서 친정어머니 친구 분이 올라오셨다. 오십 년 지기 중 한 분이시다. 세 분 중 한 분은 몇 해 전에 세상을 뜨셨고 한 분은 캐나다로 이민하셨으니, 결국 가까이 남은 유일한 친구인 셈이다. 우리는 그분을 광주 아주머니라 부른다.

그분을 맞는 어머니의 모습은 살갑기 그지없다. 이제는 연로해지셔서 문밖출입이 예전 같지 않은 데다 변변한 말 상대마저 없는 어머니로서는 그분의 상경이 어느 피붙이의 방문보다 더 반가울 수밖에 없을 것이다. 하지만 무엇보다도 이제는 다음 만남을 기약할 수 없는 나이에 와 있음을 알고 있기 때문이 아닌가 싶다.

아주머니의 방문이 반갑기는 나도 마찬가지다. 어머니를 남겨두고 대문을 나서는 마음이 가벼울 수 있어서다. 아주머니와 나란히 누워 밤새도록 도란도란 이야기를 나누고 흘러간 노래를 흥얼거리며 즐거워하는 어머니를 보고 있노라면, 평소 내가 풀어드리지 못한 어머니의 갈증을 대신 해소해주고 계시는 그분에게 고마운 마음이 들곤 한다. 그래서 하루는 짬을 내어 두 분을 모시고 가까이 있는 남한산성으로 나들이를 가기로 했다. 천지에 봄기운이 넘실거리는데 꽃구경 한 번 시켜드리지 못했던 미안함을 조금이나마 덜어보고 싶은 마음도 있었다.

경기도 광주 쪽에서 올라가는 길은 완만한 경사를 이루고 있어 드라이브하기에 안성맞춤이다. 숲은 갓 돋아난 어린잎들로 연둣빛 안개를 두른 듯 부드럽고 신비한 풍경을 펼쳐내고 있었다. 오랜만의 나들이에 마냥 즐거워하는 두 분을 룸미러로 훔쳐보며 굽은 길을 막 돌아섰을 때였다. 때늦게 활짝 꽃을 피우고 있는 두 그루의 벚나무가 눈에 들어왔다. 나도 모르게 소리쳤다.

"저 꽃 좀 보세요!"

뒷좌석에 앉아 조수석 등받이에 얼굴을 바짝 붙이고 내다보던 광주 아주머니의 입에서 탄성이 터져 나왔다.

"오매오매, 좋은 거!"

차의 속력을 늦추었다. 뒷유리창 너머로 꽃나무가 사라질 때까지 목을 길게 빼고 보면서 아주머니는 '오매오매 좋은 거'를 연발하고 있었다. 그러더니 느닷없이 나를 불렀다.

"어이, 나는 무식헝께 그런디 자네는 글 쓰는 사람잉께 더 좋은 말로 좀 해보소. 나는 '오매오매 좋은 거'밖에 모르겄네."

갑자기 내 머릿속이 부산해졌다. '글 쓰는 사람'에 걸맞은 근사한 표현을 찾기 위해서였다. 하지만 이내 막막해지고 말았다. 그 어떤 미사여구도 '오매오매 좋은 거' 앞에서는 맥없이 무너지고 만다.

"그 말보다 더 좋은 말이 없네요, 아주머니…."

공들여 쌓아왔던 무언가가 와르르 무너지는 느낌이었다.

쑥스럽기만 하던 노래방 출입이 자연스러워진 것은 순전히 윤 선배 덕분이었다. 모임 뒤에 헤어지기 아쉬워 미적거리는 문우들을 선배는 으레 노래방으로 잡아끌었다. 귀청을 찢을 듯 머리까지 지끈지끈하게 하던 반주 음에도 익숙해져 이제는 오히려 그 소음에서 안도감을 느낄 정도가 되었다. 웬만한 실수쯤은 덮어주고 어설픈 노래 실력도 그럴듯하게 포장해주는 반주 음의 마력 때문이다. 처음에는 흥겹게 노래 부르는 선배들을 그저 바라만 보다가 한두 번 마이크를 잡아본 후로 자신감을 얻어 별 두려움 없이 노래를 부르게 된 것도 다 그 기계의 그런 마력 덕분이었다.

노래방 출입이 잦아지면서 익숙해진 것이 또 하나 있다. 소위 뽕짝이라고 하는 트로트 가요다. 노래방 분위기에는 뭐니 뭐니 해도 뽕짝이 제격이다. 기교적인 프로급 노래보다는 서툴러도 정박에 목청 큰 노래에 후한 점수를 주는 기계이고 보면, 노래방에서는 노래 실력을 자랑하기보다는 함께 어울려 흥겹게 놀 수 있는 분위기를 만드는 것이 필요하다. 탬버린을 흔들고, 더러는 어설픈 스텝도 밟아보며 "언니! 오빠!"를 외치는 파격의 유쾌함을 주기로는 뽕짝이 단연 으뜸이다. 물론 그날 함께 어울린 사람들에 따라 상황은 달라질 수도 있다. 하지만 어떤 경우에도 분위기에 탄력을 주고 흥을 돋워주기로는 뽕짝만 한 게 없지 싶다.

그런데 단지 흥겹자고 즐기던 뽕짝이 언제부터인지 다른 모습으로 다가오기 시작했다. 유치하고 진부하게 들리던 가사며 멜로디가 절절하게 다가와 심금을 울린다. '눈이라도 마주쳐야 사랑을 하'고 사랑을 하면 '이름표를 달아 내 가슴에 확실한 사랑의 도장을 찍'고 싶다가, '님이라는 글자에 점 하나를 찍으면 도로 남이 되'기도 하지만, 지나고 보면 '내 눈물 밟고 갔지만 당신이 최고'로 보이는 것이 사랑의 속성 아니던가. '재방송 없는 생방송'이 인생이요, '잘나면 잘났지 못나면 못났지 사는 게 행복'인 것도 어김없는 사실이다.

뽕짝은 현실이다. 우아한 클래식도, 감미로운 크로스 오버 음악도, 멜랑콜리한 칸초네·샹송도 환상이요 착각일 뿐. 그저 우리에게는 '한 구절 한 고비 꺾어 넘어가면서 사랑도 하고 이별도 하고 눈물도 짓는' 네 박자가 진실이며 현실이라는 생각이 든다. 아무리 점잔을 빼고 내숭을 떨어 봐도 '이제 와 새삼 이 나이에 실연의 달콤함이야 있겠냐마는'이라든가 '봄날은 간다'라는 대목에 이르러 목이 메어오는 것은, 그것이 바로 부정할 수 없는 지금 나의 현실이기 때문이다.

모든 예술이 표현하고자 하는 것은 궁극적으로는 인생이다. 그리고 그 목적은 공감과 감동일 것이다. 그런데 복잡하고 난해한 것보다는 단순하고 진솔한 것일수록 감동이 크다. 뽕짝이 대중의 사랑을 받고 있는 것도 어쩌면 이런 솔직성과 단순함 때문일 것이다. 애써 외면하고 부정해보지만 결국은 돌아가게 되는 본질 같은 것이라고나 할까. 살아보니 인생은 영락없는 유행가 가사더라는 말도 있듯이, 제아무리 심오한 철학도 기실 그 두꺼운 껍질을 벗고 나면 한낱 뽕짝의 가사에 다름없는 것을.

당나라의 시인 백낙천은 시를 써서 지나가는 노파에게 들려주고 이해하지 못하면 고쳐 썼다고 한다. '대악필이大樂必易 대례필간大禮必簡'이라 했듯이 예술도 학문도 그 완성은 어쩌면 쉽고 간결한 것에 있는지도 모른다. 물론 쉽고 솔직한 것이 모두 감동을 주는 것은 아니며, 구어口語와 문어文語의 한계성을 모르는 바는 아니다. 하지만 광주 아주머니의 표현을 되새겨보고 뽕짝을 들으면서 나는 요즘 부쩍 문학적 표현이라는 것에 대해 회의를 느끼곤 한다. 그리고 내 글들을 돌아본다. 나는 내 느낌이나 생각을 표현하는 데 있어 얼마나 진실했는가.

그러면서도 노래방을 나서면 여전히 뽕짝을 외면하고, 원고지 앞에 앉으면 더 좋은 표현을 찾는답시고 머릴 싸매고 앉아 시간만 죽이고 있으니, 사고思考와 실천 사이의 거리는 아직도 멀고도 먼 것만 같다.

금붕어 이불

벼르던 이불 정리를 했다. 아들의 도움을 받아 100L짜리 쓰레기봉투 다섯 장에 묵은 내 나는 솜이불이며 요, 베개들을 구겨 넣었다. 마지막으로 붉은색 이불 하나가 남았다. 마저 들어내려는 아들을 말렸다.

"그건 둬라."

이왕 버리기로 마음먹었으면 모두 버리라는 아들에게, 사촌언니가 옛날 목화솜 이불 하나 달라 해서 그런다고 했다. 하지만 그건 핑계일 뿐이다. 언니가 그런 말을 했던 건 사실이지만 언제 가지러 올는지, 오기나 할는지 알 수 없다. 설령 가져간다 한들 솜을 새로 타기 전에는 묵은내가 없어지지 않을 터이니 쓰지도 못할 게 뻔하다.

아들이 제집으로 돌아간 후 이불을 내려 방바닥에 펼쳐보았다. 붉은 비단 위에서 통통히 살이 오른 여러 모양의 금붕어들이 짝을 지어 유유자적 헤엄을 치고 있었다. 묵은내는 풍기지만 질 좋은 솜이어서 그런지 아직 폭신했다.

이 금붕어 이불은 혼수 이불 중 하나였다. 사십여 년 전, 어머니는 원앙 대신 금붕어가 수 놓인 이 이불을 펼쳐 보이며 솜도 특별히 좋은 것으로 했으니 금붕어처럼 화려하고 여유롭고 금실 좋게 살라는 덕담을 하였다.

어머니는 금붕어를 무척 좋아했다. 살림이 풍족했던 한때에는 마당에 연못을 파서 금붕어를 키우기도 하였다. 기껏해야 단지만 한 둥근 어항 정도였지 큰 수족관은 구경조차 못 해본 시절이었음에도, 어머니는 큰 유리관에 금붕어를 넣어놓고 온종일 들여다보고 있으면 좋겠다고 했다. 화려한 빛깔의 금붕어가 풍성한 꼬리를 하늘하늘 흔들며 헤엄쳐 다니는 것을 보고 있노라면 시름이 사라진다는 것이었다. 금붕어 편에서 보자면 제아무리 큰 유리관이라 한들 답답하고 무료하기는 마찬가지일 터이지만, 어머니 눈에는 시름없이 노니는 여유롭고 자유로운 삶으로 보였던 모양이다.

어머니는 어린 나이에 아버지를 여의고 홀어머니 손에서 자랐다. 머리가 명석하여 공부에 욕심을 냈지만, 외할머니의 삯바느질로 입에 풀칠하는 형편인 데다, 그 시대만 해도 어려운 형편을 무릅쓰고 여자에게 고등 공부를 시킬 만큼 열린 생각을 가진 부모가 드물어서 외할머니는 어머니에게 무심했다. 어머니는 간호조무사로 일하면서도 한국 최초의 여성 변호사인 이태영 박사를 흠모하여 그분의 가방이라도 들고 따라다니고 싶어 했을 만큼 배움에 목말라 했다. 그런 중에 목포상고를 나온 내 친아버지와 연애를 하여 시댁의 반대를 무릅쓰고 결혼을 하였다.

쇠락하긴 했어도 양반가라는 자부심 하나로 버티고 있던 시댁에서 과부 딸에 빈한한 집안의 어머니가 달가웠을 리 없다. 아버지의 고집으로 어찌어찌 결혼은 하였으나 시댁의 구박이 자심하였다. 당시만 해도 목포상고는 유수의 학교였는 데다 용모까지 준수하여 기울어진 가세를 일으켜 세워줄 기대를 안겨준 아들이었을 터인데 오죽하였을까. 그런 아들이 한술 더 떠 장모까지 모시고 사는가 하면 난소에 문제가 있어 아이도 낳지 못하는 마누라를 끔찍이 아끼니 시부모의 심사가 어떠했으며 어머니의 눈치 보기가 어떠했을지 짐작이 가고도 남는다.

불안감에서였을까, 목마름이었을까. 어머니는 다른 여자의 몸에서 얻은 자식인 나를 당신 배 앓아 낳은 자식인 양 애지중지 키우셨다. 집착이다 싶을 만큼 온갖 정성을 쏟았다. 실제로 어머니는 나의 생모가 나를 잉태했을 때, 당신의 아이가 다른 여자의 뱃속에 유배를 가 있는 것이라 생각하였노라고 말한 적이 있다. 일종의 자기최면이었지 싶다.

고난은 계속되었다. 아버지가 내가 여덟 살 되던 해, 서른아홉 나이로 세상을 뜨고 말았다. 금실 좋은 부부가 사별을 하면

외려 허전함을 견디지 못해 일찍 새 짝을 찾는다더니 그런 것이었을까, 아니면 피치 못할 사정이 있었던 것일까. 어머니는 얼마 되지 않아 재가再嫁를 했다. 어머니가 지금의 아버지와 어떻게 인연을 맺게 되었는지 나는 지금도 잘 모른다. 아니, 주변에서 들려오는 어머니에 대한 무성한 소문들을 의식적으로 외면해왔던 것 같다. 부조리 투성이인 삶. 누구라서 남의 인생을 비난할 수 있을까 싶어서다. 설령 당시 그 사연을 알았다 한들, 어린 내가 어찌해볼 도리도 없었을 것이다.

친아버지와 달리 새아버지는 당시 무명의 화가여서 생활력도 없으면서 무시로 바람을 피웠다. 어머니에게는 정신적 고통에 생활고까지 겹친 최악의 새 삶이었다. 애처가였던 친아버지나 그렇지 못한 새아버지나 배신을 안겨준 건 마찬가지였다. 고운 모습을 하고 짝과 어울려, 주는 먹이 받아먹으면서 노닐기만 하면 되는 금붕어의 삶이 부러웠을 이유다.

내 기억으론 금붕어는 건사하기 무척 힘이 들었다. 요즘처럼 산소 공급기가 있는 것도 아니어서 걸핏하면 죽어 배를 드러내고 물 위로 떠올랐다. 비린내 풍기는 사체를 들어낼 때마다 마음이 몹시 언짢았다. 슬어놓은 알을 관리하기도 까다로웠고, 수시로 물갈이와 청소를 해주어야 해 여간 성가신 게 아니었다.

그 기억을 떠올리다 보니 문득, 어쩌면 내 친아버지가 일찍 돌아가시지 않았다면 어머니가 먼저 세상을 떴을지도 모르겠다는 생각이 든다. 어머니는 무척 몸이 약했고 신경쇠약으로 주위 사람들에게, 특히 친아버지에게 자주 까탈을 부리고 짜증을 내었다. 한약 달이는 냄새가 끊이지 않았고, 우물가에서는 지네닭을 만드느라 수시로 닭을 잡았다. 온천으로 요양을 떠나기도 수차례였다.

그랬던 어머니가 지금의 남편을 만나면서 달라졌다. 거친 바닷속 물고기처럼 강인해졌다. 무능력하고 무심한 가장을 대신하여 씩씩하게 세파를 헤쳐 나갔다. 공부를 탐했던 명석한 머리는 궁색한 가계를 꾸려나가는 데 쓰였다. 언제부턴가 어항은 우리 집에서 자취를 감추었다.

그 금붕어 이불을 나는 한 번도 덮어보지 못했다. 어머니의 염원에도 불구하고 결혼한 지 한 해 만에 홀로 되기를 선택했기 때문이다. 당신의 인생을 걸다시피 했던 딸이었으니만큼 당신이 꿈꾸던 삶을 살기 바랐고, 그런 모습을 바라보는 행복이나마 누리고 싶었을 터. 아마도 어머니는 우리 집에 오실 때마다 나 몰래 장롱 속에 틀어박혀 있는 그 이불을 쓸어보고 박복한 당신의 삶을 한탄하며 눈물 바람을 했을 것이다.

5년 전 화창한 봄날, 어머니는 95세로 길고 고단했던 삶을 마감하였다. 회귀를 가볍게 하려 함이었을까, 마지막 2년여는 인연의 끈도 놓고 사랑과 미움의 경계마저 지워버린, 진공과도 같은 시간이었다.

어머니의 긴 생애를 돌아보면 어항 속 금붕어 비슷한 호사를 누려본 시간은 순간처럼 짧았다. 시댁의 날선 눈총에도 남편의 사랑을 방패삼아 나를 키우던 8년 여이다.

어항이 사라졌다고 어머니의 꿈이 사라진 것은 아닐 터. 왜 나는 어머니 살아생전에 금붕어 담은 작은 어항 하나 선물할 생각조차 해보지 않았던 걸까. 어쩌자고 나에 대한 곡진한 사랑을 집착이고 대리만족이라며 어머니 가슴에 비수를 꽂았을까.

이불을 곱게 개켜 다시 장롱 안에 넣는다. 어머니에게 드리는 뒤늦은 선물이라도 되는 양.

뒷모습

버리지 못한 사진 몇 장이 있다. 서른아홉, 이른 나이에 돌아가신 아버지와 함께 찍은 흑백 사진들이다.

늘그막에 집수리를 계획하면서 많은 것을 버렸다. 앨범도 그중 하나였다. 하지만 아버지의 모습이 담긴 이 사진들만큼은 차마 버릴 수 없었다. 짧았던 인연, 흐릿한 기억에 대한 아쉬움 때문이다.

그중에도 유독 마음을 먹먹하게 하는 사진 한 장이 있다. 중절모에 롱코트를 입은 아버지와 그 아버지의 손을 잡고 걸어가는 어린 나의 뒷모습이 담긴 사진이다. 우리 양옆으로 서너 명의 남자 어른이 함께 걸어가고 있는데, 역광 때문에 사람들 앞에는 제각각의 그림자가 길게 드리워져 있다. 내장산 백양사 가는 길이라 했다. 아버지가 다니던 회사 야유회에 아버지가 나를 대동한 것이다.

사진은 시간과 공간의 죽음이요 무덤이다. 사진 속에서는 모든 것이 영원히 정지되어 있기 때문이다. 이 사진 역시 그렇다. 걸음을 옮기려 한 발을 들어 올리거나 한 걸음 내딛는 순간에서 피사체는 멈춰 있다.

프랑스의 기호학자이자 구조주의 철학자 롤랑 바르트Roland Barthes(1915~1980)는 어머니가 돌아가신 후 어머니의 소녀 시절 사진 한 장을 발견한다. 그리고 그 사진으로부터 '더 이상 없음'이라는 부재와 죽음을 인식한다. 그리고 사진에 대한 철학적 테제 하나를 끌어내는데, 그것은 '사진에 촬영된 대상은 과거에 반드시 카메라 앞에 있었지만, 동시에 더 이상 존재하지 않음'이다. 설령 그 대상이 지금 생존해 있다 하더라도 촬영된 순간의 '그'와 '그'라는 존재와 함께했던 순간의 장소는 더 이상 존재하지 않기 때문에 죽은 것과 같다는 것이다.

사진에 관한 노트 《밝은 방》에서 그는 사진을 보는 자의 정서의 흐름을 '스투디움studium'과 '푼크툼punctum'으로 구분한다. 찍은 자의 의도와 기호를 따라가는 감정을 스투디움, 의도나 기호를 벗어난, 보는 자만의 확장된 느낌을 푼크툼이라 한다. 이 두 가지 감정은 주로 인물 사진의 경우에서 일어나는데, 푼크툼은 재현된 인물과 사진을 보는 사람이 사랑 혹은 연민의 관계에 있을 때 더 강력해진다고 한다.

그의 주장을 따르자면 내가 아버지와 나의 뒷모습이 담긴

이 사진에서 마주친 감정은 '푼크툼'이다. 이 사진을 촬영했던 사람의 의도는 어쩌면 앞서 걸어가고 있는 사람들의 평화롭고 다정한 모습을 담으려 한 것이었을지 모른다. 하지만 내가 사진 속 정지된 피사체에서 읽어낸 것은 역설적으로 시간의 지속성 내지는 영속성이다. 뒷모습과 앞으로 나아가기 위해 대지에서 떨어진 한 발은 아버지와 내가 나란히 미래의 시간을 향해 가고 있다는 것을 의미하기 때문이다. 그렇게 사진 속 아버지와 내가 앞을 향해 계속 걸어가다 보면 지금의 '나'가 젊은 아버지와 어린 나를 마중할 것만 같은 느낌이 든다. 기억이 실재가 되고 과거가 현재로 변환되는 시점時點이며 시점視點이다. 이런 상상적 느낌, 푼크툼이 가능한 것은 롤랑 바르트의 말대로 보는 자인 나와 아버지가 지극한 사랑, 연민 관계에 있기 때문일 것이다. 롤랑 바르트는 이와 같은 시간의 겹침을 '과거 속 미래'라 한다. 사진 속 인물이 자신의 앞에 펼쳐질 미래를 지니고 있다는 것이다.

에두와르 부바Edouard Boubatd의 사진 해설집 《뒷모습Vues de dos》에서 미셸 투르니에Michel Tournier는 "뒤쪽이 진실이다."라고 했다. 앞모습은 겉치레일 뿐. 해서 그가 탐사하고자 하는 것은 등 뒤의 진실이라는 것이다.

내가 이 사진 속 아버지의 뒷모습에서 찾아낸 진실은 별리別離의 슬픔이다. 등을 보인다는 것은 보는 자로부터 멀어지려 함을 의미한다. 배웅 역시 상대의 등을 보는 것. 이 뒷모습 사진은 매번 더 이상 존재하지 않는 젊은 아버지와 어린 나를 소환시키고 배웅하기를 되풀이하게 한다. 재현再現의 기쁨과 슬픔의 영속, 이것이 내가 이 사진에서 찾아낸 등 뒤의 진실이다.

7년여의 짧은 인연. 아버지에 대한 희미한 기억은 이 사진 속 아버지의 알 수 없는 앞모습을 닮았다.

그리움 하나 점 하나

-김환기의 독백-

"나는 뭐 죽어서 묻히는 것은 아무 데 묻혀도 괜찮아."*

이산** 형!

난 지금 발할라*** 마을 산언덕에 있는 켄시코 묘지에서 쉬고 있소. 언젠가 "아 이런데 누워서 쉬었으면 좋겠다." 했던 나의 말을 귀담아 두었던 안사람, 향안****이 이 언덕에 내 누울 자리를 마련해주었다우.

---

* 조각가 한용진이 세운 묘비에 새겨진 글 중 일부.

** 시인 김광섭의 호. 김환기는 그의 시 〈저녁에〉의 한 구절 '어디서 무엇이 되어 다시 만나랴'로 작품을 만듦.

*** Valhala. 뉴욕에서 한 시간쯤 떨어진 교외 마을.

**** 본명 변동림(1916~2004). 김환기의 부인. 이화여전 영문과 졸업. 수필가, 미술평론가. 시인이자 소설가인 이상과 사별한 후 김환기와 재혼. 김환기 사후 환기재단 환기미술관을 설립.

나 여기서 참 편안해. 나무 사이를 스치는 바람 소리에서 기좌도*, 그리운 내 고향 바다의 파도 소리를 듣기도 하고, 그 바다 빛깔을 닮은 푸른 하늘에 풍덩 빠져보기도 하고, 반짝이는 별 속에 보고 싶은 이들의 얼굴을 콕콕 새겨 넣기도 하면서, 전에 없이 행복해요.

형,

혹 나 떠났다는 소식을 듣더라도 슬퍼하지 말아요. 난 떠난 게 아니야. 여기 잠시 머물다가 돌아올 테니까. 어쩌면 형 곁이 될지도 모르지. 봄날 떨어진 꽃잎, 가을날 길 위에 나뒹굴던 낙엽이 어찌 될까? 남은 물기 하늘로 죄 날려 보내고 뭇 발길에 부스러져 바람에 흩어지거나 땅속으로 스미거나, 그렇게 사라지겠지. 그러나 그건 없어지는 게 아니라우. 형체가 사라지는 것일 뿐이지. 사라져 물이 되고 흙이 되고 먼지가 되어 다른 무엇으로 되돌아올 거란 말이지. 그거, 무어라 하더라? 아, 질량불변의 법칙이란 거 있지 않소. 구름이 비가 되고 비가 강물, 바닷물이 되고, 수증기로 증발하여 대기 중에 떠돌다가 모여 다시 구름이 되는 것 말이오. 그러니 내 몸도 내 질량 그대로 물이 되고 흙이 되고 먼지가 되어 우주를 떠돌다 어떤 형태의 일부가 되어 형 곁에 머물게 될지도 모른다는 거지. 형의 시 구절처럼, 언젠가는 '어디서 무엇이 되어 다시 만나'게 되는 것 아니겠소.

---

* 지금의 안좌도. 전남 신안군 안좌면 소재.

형,

난 늘 그리워하며 살았어. 고향을 떠나서는 고향 바다를, 고국을 떠나서는 고국산천을, 두고 온 모든 것들을 그리워했지. 그리움이란 놈, 참 알 수 없는 녀석이야. 사람을 고통스럽게 하는 고약한 심보를 가졌는가 하면 삶의 원동력이 되기도 하더란 말이지. 어쩌면, 어쩌면 말이우, 그 녀석이 없었다면 나의 예술도 없었을지도 몰라.

나의 화폭은 그리움의 방이었소. 그곳에서 나는 마음속에 갈무리해두었던 그리운 것들을 풀어놓았지. 기와도 물빛, 우리 강산, 그 강산 위를 훨훨 나는 새 그리고 달항아리. 그중에도 나는 하얀 달항아리가 미치도록 좋았소. 보름달처럼 풍만한, 비어 있으면서 한편 가득 차 있는, 모든 색의 바탕이 되고 시작이 되는 하얀 자기 항아리. 꽉꽉 채우고 적나라하게 드러내 보이는 서양식 사고가 아닌, 포용과 함축의 동양적 사고, 여백의 지고미至高美를 보았다고나 할까.

파리에서도 한결같이 나는 이 그리운 내 것들을 그렸지. 아무리 벗어나려 해도 내 그림은 한국 사람의 그림일 수밖에 없잖소. 예술이란 강렬한 민족의 노래여야 한다는 걸 그곳에 가서야 알았지. 나는 우리나라를 떠나봄으로써 우리나라를 알았고, 그것을 표현했으며 또 생각했어요. 파리라는 국제 경기장에 나서니 우리 하늘이 더욱 역력히 보이고, 우리의 노래가 강렬히 들려왔소.

형,

이곳 뉴욕은 내게 고통과 기쁨을 동시에 안겨준 도시였소. 곤궁困窮과 무명無名이 나를 좌절하게도 했지만, 그 곤궁이 외려 영혼을 맑히고 그리움을 승화시켜주었지. 명멸하는 불빛, 그 화려한 도시 속에서 나는 지독히도 외로웠소. 그 고독은 나를 내 안의 정적 속으로 침잠하게 했고, 놀랍게도 그 고요 속에서 맥박치는 생명의 고동 소리를 들었소. 그 고동 소리는 참으로 다양했지. 숨탄것들뿐 아니라 이 세상에 존재하는 모든 것들에, 심지어 그리움에까지도 생명이 깃들어 있는 것 같아 그 고동 소리 하나에 점 하나, 그렇게 나는 화폭 위에 미친 듯 점을 찍어댔소. 선과 면도 시작은 점 하나로부터가 아니겠소. 그러니 점 하나는 모든 것이라 할 수 있을 것이오.

총총히 찍은 내 점들은 마침내 그리움의 방을 벗어나 대기를 진동시키며 우주로 우주로 퍼져 갔소. 하나씩 하나씩 그들을 떠나보내면서 내 몸은 점점 가벼워지더니 마침내 나도 하나의 점이 되어 그들과 함께 날아올랐지. 머지않아 나는 이 발할리 마을을 떠나 내가 좋아하는 푸른 하늘 속 '저렇게 많은 중에 별 하나'가 될 터이고, 형은 '이렇게 많은 사람 중에서 그 별 하나'를 쳐다보게 될 거예요

형!

내 마지막 노래 좀 들어보실라우?

"구구삼정鳩鳩森亭에 나오면 하늘도 보고 물소리도 듣고 불란

서 붉은 술에 대서양 농어에 인생人生을 쉬어 가는데 어쩌다 사랑이 병이 되어 노래는 못 부르고 목쉰 소리 끝일 줄 모르는가…"*

형! 그럼 어디에선가 무엇이 되어 다시 만날 그날까지 안녕!

---

* 김환기: 서양화가 1913년 전남 신안군 기좌도에서 출생, 1974년 뉴욕에서 사망.
호는 수화樹話. 대한민국 예술원 회원.
홍익대학교 초대 학장, 서울대 예술학부 미술과 교수 역임.
1931~1936 일본 도쿄에서 수학.
1956년부터 3년간 파리 체류. 1966년부터 1974년 사망 시까지 뉴욕에 머묾.
선 색 면과 같은 조형적 구성이 작품의 주류를 이루다가 말년에 점화點畵에 몰두.

** 참고 서적: 《김환기, 어디서 무엇이 되어 다시 만나랴》 이충렬 지음

---

* 망해실望海室 수화樹話 청취晴醉: 1974년 7월 12일 수술 날 지인이 선물로 가져온 호두 상자곽에 남긴 김환기의 즉흥시. 이 수술을 받고 요양 중 침대에서 떨어져 혼수상태에 빠졌다가 12일 만에 사망.

거품 실종 신고

없음의 힘

간 덜어내기

죽을 쑤다가

어느 날, 그리고 문득

생몰生歿 연도를 생각하다

다시 시작하기, 그리고 기껍게 계속하기

인증

거품 실종 신고

칼국수를 끓입니다. 팔팔 끓는 육수에 면을 넣은 다음, 양파 대파 같은, 맛을 더해줄 양념들을 첨가합니다.

한소끔 끓이자 거품이 생기기 시작하네요. 국자로 살살 걷어냅니다. 거품은 걷어내도 걷어내도 자꾸만 생깁니다. 대충 마무리하고, 채 썬 당근과 호박을 넣어 한 차례 후루룩 끓인 다음 불을 끕니다.

한 김 식힌 후 그릇에 담고 쫑쫑 썬 대파잎과 김 가루를 고명으로 얹습니다. 그런데 미처 걷어내지 못했던 거품들은 다 어디로 사라진 것일까요? 국물이 맑습니다. 개수대 바닥에 내팽개쳐졌던 거품들을 내려다봅니다. 기포는 사라지고 희미한 얼룩만 남았네요.

맑은 국물과 깔끔한 맛을 위해서는 거품을 말끔히 걷어내야 한다고들 합니다. 그런 요리연구가들의 한결같은 충고가 타성이 된 것일까요. 국물 요리를 할 때면 습관처럼 거품을 걷어내곤 합니다. 그런데 굳이 거품을 걷어내지 않아도 식은 후의 국물은 그다지 탁하지도, 텁텁하지도 않더군요. 정말 거품은 걷어내야 할 불순물인 것일까요?

궁금하여 국물 요리를 할 때 거품이 생성되는 원리를 검색해 보았습니다. 물이 끓게 되면 액체의 기화 현상이 생기고, 이 기화 현상에 의해 열을 가장 많이 받는 용기 바닥에서부터 생성된 증기 덩어리가 위쪽으로 상승하면서 기포가 된다고 합니다. 따라서 거품은 불순물이 아니라, 식재료들에서 우러나온 단백질이나 전분 같은 내용물들이 물과 어우러져 생성된 것이라 볼 수 있겠네요. 재료의 참맛과 영양분을 온전히 취하려면 거품을 걷어내지 않아야 한다는 얘기가 되겠습니다. 그럼에도 사람들은 한사코 걷어내려 하네요.

같은 거품인데도 대접받는 것들이 있습니다. 카페 라테나 맥주, 비누와 같은 클렌징 제품, 면도용품, 세제 등의 거품입니다. 라테와 맥주의 거품은 부드럽고 풍성한 느낌을 주어 눈을 즐겁게 할 뿐 아니라 쓴맛을 잊게 해 목 넘김을 부드럽게 해주지요.

세제의 거품이 대접을 받는 이유는 좀 다릅니다. 첨부된 계면활성제가 물과 공기를 만나 생성된 이 거품들은 물과 기름을 잘 섞이게 해 세정 역할을 톡톡히 해내기 때문이지요. 거품이 풍성하게 일어날수록 우수한 제품으로 인정받으니, 개수대 바닥에 패대기쳐진 거품과는 처지가 달라도 너무 다르네요.

대접받지 못하는 거품들이 또 있어요. 거품 경제, 거품 인기 같은 것들이지요. 국물 요리의 거품처럼 푸대접까지야 받진 않지만, 경계, 요주의 대상이라 하네요. 차근차근 단계를 밟아 이루어진 결과물이 아니라 잠깐 동안 이슈화되었거나 투기 등에 의해 부풀려진 것들이기 때문이랍니다. 한껏 부풀어 올랐던 거품이 꺼지고 난 후는 그만큼 상실감이 크겠지요.

저는 올해 8년 만에 새 수필집을 상재했습니다. 너무 오랜만이어서일까요, 아니면 나이가 들어 감정이 무디어진 것일까요. 이메일로, 전화나 문자 더러는 손편지로 전해오는 문단 선후배 여러분의 격려의 말씀에도 좀처럼 마음이 부풀어 오르지 않네요. 경험상 그것이 잠깐의 이슈일 뿐이라는 걸 짐작하기 때문인지도 모르겠습니다. 첫 번째, 두 번째 수필집을 상재했을 때와는 사뭇 느낌이 다르네요. 무지갯빛 품은 비눗방울처럼 마음이 훨훨 날아다녔던 그 시절. 거품 가득한 욕조에 몸을 담그고 있는 듯 기분 좋던 그날들. 설익은 글인 줄도 모른 채 인사성 칭찬을 진실로 착각하고 한껏 부풀어 올랐던, 그리운 그 시절, 그날들.

지금은 스스로의 눈으로도 제 글에서 부족한 것들이 보입니다. 퇴고 문제가 아닙니다. 메말라 가는 감성과 언어의 고착화 내지는 기교화, 사고의 일천함 혹은 편협함 같은, 본질적 문제지요. 그런 줄 알면서도 그 모자람을 덩어리로 묶어 독자에게 내보이는 것이 과연 옳은 일이었나 하는 자조自嘲가 자꾸만 부풀어 오르는 거품을 걷어내려 하네요.

평생을 배우다 가는 것이, 하여 영원히 미완일 수밖에 없는 것이 인생이라 하던가요? 마찬가지로 완벽도 완성도 있을 수 없는 것이 글이고 보면, 모자람에 대한 이런 나의 자조는 잘못된 자존감의 발로일 뿐이라는 또 다른 자조가 이네요. 나이는 시간의 누적이고 그 갈피 갈피에는 그 시간에 맞춤한 내가 있는 법이니, 부족하더라도 그 모든 '나'가 만들어낸 창조물들을 스스로 아끼고 존중해야 함이 마땅하겠지요.

거품이 재료 자체에서 생기듯, 인사성 칭찬도 내 글로부터 연기緣起된 것. 거품이 꺼진 후의 상실감을 두려워하기보다는, 그 잠깐의 거품을 품어 에너지로 활용하고 시너지 효과를 만들어내는 긍정적 마음가짐이 필요한 때인 것 같습니다. 카페 라테나 맥주 거품처럼요. 부풀면 반드시 꺼지는 것. 어차피 인생도 거품 아니던가요?

해서 신고합니다.

"잃어버린 거품을 찾습니다!"

없음의 힘

어둑새벽, 산사山寺의 뜰.

등 굽은 노승이 비질을 한다.

'싸그락 싸그락….'

싸리비 마당을 스칠 때마다 고요 그만큼씩 무너지고, 흙먼지 연기처럼 일었다 스러진다. 능선 너머 희붐하게 밝아오는 빛이 조심스레 정갈한 마당에 발을 들이면 문득 울리는 범종소리. 도랑을 돌아 굽이굽이 산을 넘으며 삼라만상을 깨운다.

운보 김기창의 화집을 뒤적이다가 그림 하나에 눈길이 멎었다. 〈새벽 종소리〉였다. 그런데 그림 어느 구석에서도 종은 보이지 않았다. 구부정한 어깨로 비질을 하고 있는 스님 한 분과, 암자 한 채, 그리고 삼층 석탑 뒤로 병풍처럼 둘러서 있는 청록빛 산들이 성긴 붓질로 그려져 있을 뿐이었다. 여백을 메우고 있는 것은 엷은 오렌지빛 여명이다. 그런데 그 그림에서는 종소리가 들렸다. 비질하는 노승과 오렌지빛 여백. 운보는 그 두 가지만으로 새벽에 울리는 산사의 종소리를 그려 낸 것이다.

여덟 살 때 열병을 앓아 청력을 상실한 운보. 아마도 그는 청력을 잃기 전 어느 여름날 외할머니를 따라 산사에 머물렀던 적이 있었을 것이고, 고요한 새벽에 들었던 종소리가 기억 속에 깊이 각인 되어 있었을 것이다.

운보의 작품에는 소리를 그린 것들이 꽤 있다. 〈군작도群雀圖〉, 〈군마도群馬圖〉, 〈군해도群蟹圖〉가 그러하고, 〈정청靜聽〉, 〈아악雅樂의 리듬〉, 〈흥락도興樂圖〉, 그리고 돌돌 흐르는 개울물과 소 잔등에 올라 피리를 불고 있는 아이가 자주 등장하는 청록산수들이 또한 그러하다. 그 그림들에는 모두 소리를 내는 대상이 묘사되어 있다. 하지만 〈새벽 종소리〉에는 그 대상이 보이지 않는다. 들을 수 없는 소리를 보이지 않는 대상으로 표현해낸 것이다. 그래서일까, 그 그림에는 소리에 대한 그리움이 더욱 절절히 배어 있는 것 같다.

없음의 힘이 그림에만 머물까?

중국 당나라 때 시인 백거이는 강주사마로 좌천된 다음 해 가을밤, 손님을 배웅하러 심양강가에 이른다. 배에 올라 손님과 이별주를 나누는데, 음악이 없어 쓸쓸하고 울적하다. 그때 홀연히 강 위에서 비파소리가 들려온다. 소리를 더듬어가 배를 가까이 댄 다음 한 곡조 더 들려 줄 것을 간곡히 청한다. 마침내 얼굴을 반이나 가린 여인이 배 안에서 비파를 안고 나와 앉는다. 줄을 고르며 두어 번 현을 튕기는데 곡조도 이루어지지 않은 그 소리에서 예사롭지 않은 기운이 느껴진다.

이윽고 연주가 시작된다. 절제된 현의 소리에 갈피갈피 생각이 깃드니 마치 평생에 얻지 못한 뜻을 하소연하는 듯하다. 때론 소낙비처럼, 때론 속삭임처럼 크고 작은 소리들이 어우러져 마치 큰 구슬 작은 구슬이 옥반에 떨어지는 듯하고, 봄날 꾀꼬리 소리처럼 매끄러운가 하면 얼음 밑을 흐르는 여울물 소리인 듯 그윽하더니 갑자기 물이 얼어붙어 흐름이 멈춘 듯 현이 한데 엉키며 소리가 끊어진다. 이어 흐르는 침묵. 그런데 어쩐 일일까. 그 소리 없음에서 도리어 깊은 한이 풍겨 나온다.

차시무성승유성此是無聲勝有聲

불후의 명작으로 꼽히는 〈비파행〉에서 백거이는 이 침묵을 '소리 없음이 소리 있음을 능가한다.'라 했다.

〈비파행琵琶行〉에 등장하는 이 여인은 한때 장안에서 손꼽히던 기녀였다. 13살에 비파를 배워 일가를 이루면서 교방敎坊 제일부第一部에 속하게 된다. 온갖 찬사와 함께 금붙이며 비단이 쏟아지던 시절이 꿈 같이 흐르고 나자 몰락의 길이 이어졌고 마침내 늙어 장사치의 아내가 되었다. 하지만 장사치는 이

윤만을 좇아 떠돌 뿐 음률에는 관심이 없다. 늦은 밤, 강가를 서성이다 홀로 빈 배에 앉아 있으려니 달빛은 밝고 강물은 차다. 문득 젊은 시절을 되돌아보니 서러움이 가득 차올라 비파로 마음을 달래 본다.

콸콸 흐르던 물이 얼어 멈추듯 소리가 끊어진 것은 나락으로 떨어진 지금 자신의 신세를 말함이요, 뒤를 이어 흐르는 침묵은 '회한'이다. 여인은 그 심경을 소리 없음으로 대신하였고 백거이는 그것을 읽어 낸 것이다.

> 취중읍하수최다 강주사마청삼습 就中泣下誰最多 江州司馬青衫濕
> (그중 누가 가장 많이 울었는가, 강주사마 푸른 소매가 흠뻑 젖었음이라)

〈비파행〉의 마지막 구절이다.

운보는 여백으로 그리움을 그려 냈고, 〈비파행〉 속의 여인은 묵음默音으로 한을 풀어내었다. 절절함이 크면 마침내 비워지는 것일까. 붓으로, 소리로 다 할 수 없는 것과, 다시 돌아갈 수 없는 것에 대한 간절함을 그들은 '없음'으로 대신한 것이다.

'있음'을 무한으로 확대시키는 '없음'의 힘. 예술은 그래서 위대하다.

간 덜어내기

어떤, 내밀하면서도 익숙한 기운이 미미하게 방안을 감돈다. 정신을 집중해본다. 마른 개울물 소리 같기도 하고, 공동空洞을 울리는 물방울 소리도 같은, 성글고 미미한 음향이 귀에 잡힌다. 이것이 무슨 소리였더라?

소리의 기억을 더듬어 보다가 튕기듯 침대에서 일어나 거실로 향한다. 베란다로 나가는 미닫이문을 드르륵 연다. 졸졸졸…. 희미했던 소리가 또렷이 들려온다. 우수관雨水管에서 나는 소리다. 유리창을 바라본다. 유리에 하얀 빗금들을 그으며 비가 내리고 있다. 예고 없이 찾아온 그리운 이를 마주한 듯, 가슴이 설렌다.

유리문을 활짝 연다. 빗소리가 파도처럼 밀려온다. 싸르륵 싸르륵, 주룩주룩, 후두둑, 쏴아-. 세상의 모든 것들에서 소리를 끌어내는 빗줄기보다 더 훌륭한 마에스트로가 있을까. 재질에 따라, 생김새나 크기에 따라 다른 각양각색의 소리가 어우러져 천연의 화음을 만들어내고 있다. 조용히 하늘과 땅이 주는 선물 같은 화음들에 귀를 기울인다.

비 오는 날이면 즐기던 일이 있었다. 중저음의 첼로 연주곡이나, 맑은 음색의 피아노곡을 들으며 향 좋은 차를 마시는 일이다. 그런 내 습관에 변화가 왔다. 비 오는 날은 오롯이 빗소리만 듣는다. 그 밖의 잡다한 소리는 걷어낸다. 하늘의 물이 만들어내는 순결한 음향에 다른 어떤 인위적 소리도 섞고 싶지 않아서다. 그렇게 가만히 빗소리를 듣고 있노라면 내 마음도 순결해지는 것 같다.

오랫동안 앓아오던 위장병이 나이를 먹으니 점점 더 까탈을 부린다. 초기엔 고추장, 고춧가루 같은 매운 향신료만을 거부하더니 이제는 마늘, 파 같은 향 강한 양념류마저 사절한다. 덕분에 음식을 만들면서 찧고 써는 번거로운 과정들이 생략되었다. 소금 혹은 간장, 때론 약간의 설탕 그리고 참기름만이 양념이 되었다. 간도 슴슴하게 줄였다. 고명으로 뿌리던 통깨도 성글어진 치아 사이에 끼어 되도록 뿌리지 않는다. 볼품도 없고 밋밋한 맛에 식욕이 떨어지던 것도 잠시. 차츰 본 재료의 참맛이 느껴졌다. 특히 나물류에서는 나물 고유의 향이 도드라졌다. 양념 맛이 아닌, 제 맛이다.

음식의 변화가 계기가 되었을까. 새삼 내 주변을 둘러보게 되었다. 무게 50여 킬로그램, 길이 160센티미터도 안 되는 몸뚱어리 하나에 딸린 것들이 왜 그렇게 많은지. 이 작은 몸뚱어리가 먹고 자고 입는 데 이렇듯 많은 것들이 필요할 일인가.

우선 찬장에 쌓여 있는 그릇들을 보니 한심하다. 한 끼 밥상에 밥그릇 하나 국그릇 하나 반찬용 그릇 두어 개면 족할 것을…. 묵은 그릇들이 태반인지라 탐낼 사람도 없을 것이고 재활용도 되지 않아 필경 쓰레기가 되고 말 터인데, 처리할 일이 심란하다.

그릇뿐일까. 집 안 구석구석이 나를 과시하고 포장하는 데 쓰였던 것으로 그득하다. 책만 해도 그렇다. 매스컴 혹은 남의 글을 통해 들었거나 제목에 끌려 사서 반도 못 읽고 처박아 둔 것들이 태반이다. 지식인 인양 나를 부풀리고 싶은, 욕심이 부른 결과다. 하루 꼬박 책 걷어내는 일에 매달렸다.

앨범 속 사진들도 몽땅 들어냈다. 증명사진에 불과한 것들을 모조리 쓰레기봉투에 담았다. 여행하면서 흔적 남기기에 급급하다 놓쳐버린 풍경이며 감성들이 얼마나 많았을지, 20L 봉투가 한가득하다. 내친김에 이불이며 몸에 걸치는 것들도 최소한만 남기고 덜어내었다.

두 번째 수필집을 낸지 4년이 되어간다. 두 번째 책을 내기까지 십수 년이 걸렸으니 4년이 대수겠는가 싶지만, 그때와는 사뭇 다른 것이 쓸 말이 점점 줄고 있다는 것이다. 몇 줄이면 끝날 이야기에 살을 붙이고 뒤적대기가 싫어진다. 나이가 들어 감성도 표현력도 메말라가고 필력도 떨어져 가서이기도 하지만, 그보다는 핵심을 두고 에도는 것에 지쳤다는 게 맞지 싶다. 빗소리처럼 순연純然한 언어를 구사할 순 없을까? 게송偈頌이나 하이쿠처럼 본질을 꿰뚫는 몇 줄만을 툭 던지고 싶을 뿐이다.

며칠 사이 매미 울음소리가 우렁차졌다. 바야흐로 여름이다. 매미 울음은 그저 짝을 찾는 소리일 뿐인데, 칠 년여를 땅속에서 살다 우화 승천한 내력을 그 울음소리에 얹어 의미를 부여해보려 애썼던 것을 생각하니 멋쩍어진다. 매미는 그저 자신의 유전자에 입력된 수순을 밟아가는 것일 뿐, 그냥 그 소리를 한 계절의 묘미로 즐기면 그만인 것을.

쌓고 싸기에만 열중하며 보낸 세월. 몸에 붙은 하잘것없는 것들 걷어낸다고 나의 본질이 드러나는 것은 아니겠지만, 말부스러기 좀 덜어낸다고 촌철살인 같은 글 써지는 것도 아니겠지만, 나물에서 양념, 간 덜어내듯 덜어내고 덜어내다 보면 어느 날엔가 본질의 그림자에라도 닿을 수 있으려는지. '있어도 모르고, 알아도 전하지 못한다' 했던 그리스의 철학자 고르기아스의 말처럼, 삶도 글쓰기도 영원한 모자람이거나 군더더기일 수밖에 없는 것일까.

며칠 후면 덜어낸 자리 새로 채우려 들고, 부질없다던 언어놀음에 다시 매달릴 게 뻔한 나. 쓸데없이 목만 마르다.

죽을 쑤다가

'뽀글뽀글.'

쌀알들이 냄비 속에서 자맥질이 한창이다. 주걱으로 휘휘 젓는다. 주걱 돌아가는 품새가 가볍다. 한 주걱 떠올려 흘려 본다. 주르륵, 물 홀로 미끄럼질이다. 물과 쌀이 따로 놀고 있다. 두어 번 더 저어준 다음 잠시 지켜본다. 쌀알들은 아래위로 요동을 치고, 물은 크고 작은 기포들을 쉴 새 없이 뿜어댄다. 두어 번 더 저어준 다음 중간 세기로 불을 줄인다.

고교 시절 나는 반 친구들과 잘 어울리지 못했다. 어쩌다 어울려도 말이 헛돌고 생각은 딴전을 피워 그들의 이야기에 쉽사리 동화되지 못했다. 그런 내게 '꿔다 놓은 보릿자루'라는 별명이 붙었다.

십 분쯤 지나 냄비 속을 들여다본다. 말갛던 물빛이 희끄무

레해지고, 천방지축이던 쌀알들의 움직임이 둔해졌다. 촐싹대던 물도 조신해져 비누 거품 같은 찰진 기포를 만들어내고 있다. 주걱으로 저어본다. 약간의 저항감과 함께 끈끈한 기운이 느껴진다. 쌀알과 물이 서로에게 스며들고 있는 중이다. 눌어붙지 않도록 잘 저어 준 후 약불로 줄인다.

약사 면허증을 거머쥔 뒤 두 해 정도 월급 약사 노릇을 하다가 개업을 했다. 부푼 가슴도 잠시, 적자생존適者生存의 법칙에 부딪쳤다. 손님이 요구하는 유명제품은 박리薄利로 혹은 본전치기로 팔아 손님을 현혹한 다음 이윤 많은 제품을 끼워 파는 식으로 매상을 올리는 대형약국들의 상술에 고전을 면치 못했다. 지역약사회 모임에 참석할 때마다 의약인으로서의 양심, 도덕성을 거론하며 목청을 높여 보았지만 묵묵부답. 쇠귀에 경 읽기요 계란으로 바위 치기였다. '너도 그렇게 해. 아니면 말고.' 아니면 말고 할 수 없는 엄중한 현실 앞에서 나의 세상 물들어가기는 시작되었다.

복닥거리던 냄비 속이 잠잠하다. 간간이 기포들이 볼멘소리를 낼 뿐이다. 뿌연 물빛에 가려 냄비 안은 오리무중이다. 젓는 팔에 무게감이 느껴진다. 세차게 휘저어 주다가 한 주걱 떠올려본다. 야무지게 몸을 단속하고 있던 쌀알들이 헤벌쭉해졌다. 끓는 물의 성화에 몸을 열어 제 살을 내어 준 것이리라. 주걱으로 떠올려 기울여 본다. 미련 남은 애인과 헤어지듯 쌀알을 붙들고 뭉그적거리던 물이 마지못해 손을 놓는다. 이제부터는 자주 저어 주어야 한다. 여차하면 눌어붙어버리기 때문이기도 하지만, 그보다는 쌀알들이 좀 더 풀기를 풀어내게 하기 위해서다. 쌀알과 물이 한 몸이 되어 떨어질 때까지 끊임없이 저어주어야 한다. 그리해야 차지면서도 부드러운 죽이 된다.

장사꾼이 다 되었다는 자괴감에 빠져 허우적거리다 우울한 심사를 백지에 끼적거린 것이 인연이 되어 문학의 길로 들어섰다. 동아리 활동을 하면서 계산 없는 관계들을 맺게 되었다. 별유천지別有天地가 황홀하기만 했다. 다산 선생의 풍류계風流契 '죽란시사竹欄詩社'처럼, 나이에 상관없이 같은 정서를 가진 사람들이 내뿜는 향기에 취해 서슴없이 나를 풀어 헤쳤다.

취기가 걷히고 나자 별유천지의 이면裏面이 보였다. 그 세상 또한 마찬가지로 복닥거리는 냄비 속이었다.

물이 자박자박 남아 있을 때 불을 끄고 뚜껑을 덮어 잠시 둔다. 여열餘熱로 뜸을 들이는 것이다. 열기가 식어가는 동안 남은 물이 쌀알에 서서히 스며들어 어우러지게 하기 위해서다. 먹기 적당한 온도로 식으면 뚜껑을 열고 가볍게 저어준 다음 그릇에 옮겨 담는다. 마침내 차지면서도 부드럽고 촉촉한, 흰 죽 한 그릇이 완성되었다.

사람과의 관계는 죽 쑤기와 흡사하다. 물이 너무 많으면 겉돌고 물이 너무 적으면 빽빽해지듯 사람 사이에도 적당한 거리가 필요하고, 불의 세기를 조절하여 설익음을 방지하듯 맹목적

친밀감을 경계해야 하고, 끊임없이 저어주어야 찰기가 생기듯 사람과의 관계도 쉼 없이 공을 들여야 유지되는 점이 그렇다.

"죽쒔다." 하던 일이 낭패로 돌아갔을 때 흔히들 하는 말이다. 하지만 죽이라고 다 같은 죽이겠는가. 쉬운 듯 어려운 것이 죽 쑤기고, 살 만큼 살았어도 어려운 것이 사람과의 관계요 세상살이인 것 같다.

어느 날, 그리고 문득

아버지께서 돌아가셨다.

어느 날, 문득, 가셨다.

임종을 예견했지만 그날은 '어느 날'이었고, 숨을 멈춘 순간은 '문득'이었다. 태어남도 마찬가지였을 것이다. 예정된 날이 있었을 터이지만 그날은 '어느 날'이었을 것이고, 세상 속으로 고개를 디민 순간은 '문득'이었을 것이다.

아버지의 세상은, 시간은 그렇게 어느 날 문득 열렸다가, 어느 날 문득 닫혔다. 내가 존재해야 모든 것이 존재하는 것. 내가 사라지면 모든 것도 없어진다. 남아 있는 것은 남의 세상, 남의 시간일 뿐이다.

사무엘 베케트는 희곡 〈고도를 기다리며〉에서 포조라는 인물을 통해 '언제'를 정의한다. 벙어리가 되어 나타난 럭키를 두고 그가 언제부터 벙어리가 되었느냐는 블라디미르의 물음에 포조가 대답한다.

"언제! 언제! 어느 날, 그것으로 충분하지 않은가. 다른 날과 똑같은 어느 날, 어느 날 그 녀석은 벙어리가 됐다. 어느 날 나는 장님이 됐다. 어느 날 나는 귀머거리가 될 것이다. 어느 날 태어났다, 어느 날 죽을 것이다. 같은 어느 날, 같은 어느 시간, 그것으로 충분하지 않다는 건가."

베케트는 또 그 '어느 시간', '어느 날'로 이루어진 삶이라는 것이 실은 아무것도 아님을 이야기한다.

"아무런 일도 일어나지 않았다."

아무도 이곳에 온 일이 없었고, 아무도 여기를 떠나지 않았으며, 아무런 일도 일어나지 않았다는 것이다.

어머니를 보내드리고 난 후 5년여 동안 나는 '아무런 일도 일어나지 않았다'를 절감했다. 90년 넘게 머물다 갔는데 어떻게 이렇게 아무것도 없을 수가 있을까. 어떻게 이렇듯 하나의 존재가 감쪽같이 사라질 수 있는가. 내 기억 속에, 혹은 누군가의 기억 속에 남아 있는 어머니는 실체가 아니다. '무無보다 더 실재적인 것은 없다'던 베케트의 말이 뼛속 깊이 체감되었다.

아버지 역시 다녀간 일이 없는 것이 되고 말았다. '어느 시간', '어느 날'들로 선을 이어가다가 문득, 점으로 흩어져 자취를 감추고 말았다. 아무런 일도 일어나지 않은 것이다.

나 또한 그리 될 것이다.

"한순간 햇빛이 반짝이고, 그리고 또 밤이 찾아오지. 그것뿐이다."

오고 감이 없는데 계절은 순환하고, 끝내 무無가 되고 말 누군가의 오고 감은 이 순간에도 계속되고 있을 것이다.

생몰生歿 연도를 생각하다

한 사람의 소천召天 소식을 들었다.

나이 탓인가, 언젠가부터 누군가 운명했다는 소식이 뜨면 우선 그의 나이부터 살펴보는 버릇이 생겼다. 그런데 그 살피는 내용의 변천이 씁쓸한 한편 의미심장하다. 처음엔 단순히 그 사람의 나이를 살피고는 내 나이보다 적으면 나도 곧 죽을 수 있겠다는 생각에 초조해지고, 많으면 아직 더 살 수 있겠구나, 더 살아도 되겠구나 안도하는 것에 그쳤다. 죽는 데 순서가 없으니, 사는 게 늘 비상인 셈이다. 오죽하면 프랑스와즈 사강이 《마음의 피수꾼》에서 나이 불문 지금껏 살아 있는 것이 행운이라는 말을 했겠는가.

그런데 요즘 들어서는 누군가의 몰歿 연도에서 생生 연도를 빼셈해보면서 다른 생각을 하게 된다. 그 사람이 머물다 간 시간과 살아생전의 행적이나 업적들을 살펴보며 마음이 착잡해지는 것이다. 특히 작가, 예술가들의 생애가 그렇다. 그중에도 요절한 작가가 짧은 시간 안에 이루고 간 영롱한 작품들을 보면 심한 자괴감에 빠지기까지 한다.

이런 자괴감을 잠시나마 보류하게 해주는 것은 〈조숙早熟〉이라는 수필 속 상허 이태준 선생의 말씀이다. 요절한 작가가 이루고 간 성과도 훌륭하지만, 당신은 오래 살아 푹 익은 글을 쓰고 싶다고 했다. 오스카 와일드 또한 오래 살아 예술적 삶이 어떤 것인지 그 진수를 보여주고 싶다 했다. 그런 말들을 상기할 때면 요절한 작가보다 오래 살고 있는 것에 대해 면죄부를 받는 느낌이 들면서, 혹여 남은 날 동안 작은 족적이나마 남길 수 있지 않을까 쥐꼬리만 한 희망을 가져보게도 된다.

생하면 반드시 몰하는 인생, 그래서 사뮈엘 베케트는 출산을 무덤 위에서 아이를 낳는 것이라 했다. 왔다 갔지만 흔적이 없는 육신. 그 '흔적 없음'의 확고함 때문에 그는 '무無보다 더 확실한 것은 없다'고 했는지도 모르겠다.

사람의 생애를 형이하학적으로 보자면 생몰 연도만큼 확실한 것도 없지 싶다. 어느 날 태어났고 어느 날 사라졌다는 확고한 숫자 앞에서 그 밖의 모든 것은 불투명하고 쓸데없어진다. 추모공원 작은 단지 안에 담긴 어머니와 양부養父의 유골. 그리고 공원묘지에 묻힌 친부親父의 유골. 거기에는 그분들이 일생 동안 일구었던 것이 없다. 다만 유골함 위에, 혹은 묘비 위에

쓰인 생몰 연도만 또렷할 뿐이다. 생하고 몰하는 사이, 한바탕 꿈처럼 스러져버린 허무한 어느 한순간이다.

이런 소멸의 허무함에 도전장을 낸 시인이 있다. 폴란드의 여성 시인 비스와바 쉼보르스카다.

> 쓰는 즐거움.
> 지속의 가능성.
> 하루하루 죽음을 향해 소멸해가는 손의 또 다른 보복
>
> –〈쓰는 즐거움〉 중에서

소멸해가는 손의 보복이 '끊임없이 쓰는 것'이라는 전복적 발상을 한 시인. 그는 '유효기간이 우스울 정도로 짧고 오로지 두 개의 날짜만이 지정되어 있는 입장권' 같은 인생이지만, 놀라움을 금할 수 없는 세상이기에, 또 당연한 세상이란 없는 것이기에 죽는 날까지 끊임없이 그 놀라움을 찬탄하고 당연함에 도전하며 즐기다 가라 한다. 그것이 소멸에 대한 보복이라는 것이다.

세상은 사라지지 않지만, 내가 몰하면 나의 세상은 없어진다. 따라서 나의 세상이 존속하는 동안 세상의 모든 존재는 그 누구의 것도 아닌, 나만의 것이다. 그러므로 나의 세상은 특별하다. 입장권에 찍힌 두 개의 날짜는 내 의식 밖의 일이지만, 나의 의식이 관여하는 그 사이 시간 동안 나의 눈과 귀와

가슴으로 보고 듣고 느낀 그 특별함을 끊임없이 노래하는 것이 소멸하는 육신에 저항하는 일이며, 작가라 이름 지어진 사람이 해야 할 일이 아닌가 싶다.

27세에 폐결핵으로 요절한 천재 시인 이시카와 다쿠보쿠, 59세에 표랑漂浪하던 배 안에서 질병과 궁핍으로 점철된 고단한 삶을 마감한 시성詩聖 두보, 풍요로운 삶을 누리다 83세에 주변을 단정히 정리해놓고 잠들 듯 영면한 괴테. 나라와 시대, 삶의 질과 머물다 간 시간도 각기 다르지만, 다쿠보쿠는 병이 주는 고통과 절망적 현실 속에서도 하룻밤 사이 141수의 단가를 쏟아냈는가 하면, 두보는 아픈 몸을 이끌고 떠돌아야 하는 척박한 삶 가운데도 1,500여 수에 이르는 방대한 시를 창작했고, 괴테는 《파우스트》 한 작품에 60여 년을 집요하게 매달렸을 만큼 쇠잔해가는 육신에 저항하며 치열하게 자신들의 세상을 노래하다 갔다. 다량의 피를 쏟고도 "자기 자신이 아니고는 이 세상에 아무도 못할 일이 남아 있노라고 확신한다면 죽음도 물러가리라."며 의자를 당겨 앉았다는 괴테.

우리가 삶이라 일컫는 인생. 비록 생과 몰이라는 확고한 숫자 사이에서 어느 한순간의 유희로 사라져버릴 형이상학이 삶이지만, 그래서 더욱 남은 시간을 나만의 노래로 충실하게 채우다 가는 것이 명색이 작가인 내가 해야 할 일이 아닌가 하는 생각을 해본다. 주눅 들지 말고, 머뭇거리지도 말고…. 그것만이 소멸할 육신에, 나아가 '생몰'이라는 이율배반적 놀이를 만들어낸 짓궂은 조물주에게 아름답게 보복하는 일이 아닐까 싶다. 반복적 바윗돌 굴리기라는 도로徒勞의 형벌을 내린 신에게 당당하게 맞선 시시포스처럼.

다시 시작하기, 그리고 기껍게 계속하기

-사뮈엘 베케트의 《몰로이》를 읽고-

"외롭다."고 말한다.
외로운 느낌이 없다.
"외롭지 않다."고 말해본다.
조금 외로워진다.
가만히 있는다.
몹시 외롭다.

어쩌면 뱉는 순간 불확실해지고 마는 말. 말은 나의 외로움을 온전히 말하지 못했다. 언어뿐일까. 인간도, 인간이 꾸리는 삶도 참 모순덩어리이다. 그 때문이었을까, 알베르 까뮈가 〈부조리의 시론〉을 펼쳤던 것은.

존재의 부조리, 그중에도 언어의 부조리함을 천착했던 또한 사람의 작가가 있었다. 사뮈엘 베케트이다.

> 내가 무슨 말을 했든 결코 충분하지도 충분히 부족하지도 않았다.
>
> -《몰로이》

사뮈엘 베케트(1906~1989)는 영국계 아일랜드 작가다. 그의 작품들은 주로 단편소설과 희곡들인데, 주목을 받은 것은 희곡 작품들이다. 대표적 희곡으로는 노벨문학상 수상작이면서 우리에게도 친숙한 《고도를 기다리며》를 들 수 있겠고, 그 외 《Happy Days》, 《게임의 종말》, 《왔다 갔다》, 《그때》 등 다수가 있다. 그 밖에 장편소설, 시, 비평문, 라디오 드라마, 시나리오 같은 다양한 장르의 작품들을 남기기도 했다.

내가 처음 그를 만난 것은 희곡 《고도를 기다리며》를 통해서였다. 그 작품을 관통하고 있는 주제는 무無다. 이 세상에 왔다 갔지만, 결국은 아무 일도 일어나지 않았던 것처럼 흔적이 없는 무의미한 인생을 의미 없는 말들의 나열이나 반복으로 묘사하고 있다. 수다스러운 한편 절제된 대화들. 그의 희곡 작품 대부분이 그랬다.

문득, 이런 쓸데없는 듯 쓸 데 있는 절제된 대화들은 어느 시점, 어느 작품으로부터 비롯되었을까, 그 근원이 궁금해졌다. 장편 소설을 검색해보았다. 베케트의 수다가 "과잉과 포화를 통해 언어를 파괴하고 말들에 가해진 폭력을 통해 침묵을 얻어내려는 목적."이라 한 철학가 알랭 바디우Alain badiou (1937~)의 말처럼, 어쩌면 베케트의 희곡 속 절제된 언어도 과잉된 언어의 산물이고, 그 과잉된 언어가 혹 호흡이 긴 장편소설이 아닐까 하는 생각이 들었기 때문이다.

《고도를 기다리며》가 발간되기 전 소설들을 살펴보았다. 1937년 파리에 정착하면서부터는 프랑스어로 글을 쓰기 시작, 1951년에 장편《몰로이》,《말론 죽다》를 출간했다.《몰로이》,《말론 죽다》,《이름 붙일 수 없는 자》는 3부 연작이지만, 마지막 작품《이름 붙일 수 없는 자》는《고도를 기다리며》이후에 쓰이고 출간되었기에 나는《몰로이》와《말론 죽다》에 관심이 갔다. 혹 절제된 언어가 그 두 편의 소설에서 비롯되지 않았을까 추측해본 것이다.

그중에도 내가《몰로이》를 택하게 된 것은 많은 평론가들이 이 작품을 메타소설, 소설 자체에 대한 패러디이며, 소설의 전통적 형식 즉 스토리, 섬세한 인물 묘사, 정확한 시공간, 논리적 전개 등 목적론적 글쓰기를 파괴해버린 초현실적이고 획기적인 작품이라 평했기 때문이다. 그 획기적 스타일이라는 것이 궁금하기도 했고, 메타소설이라 하니 작가로서의 언어에 대한 고찰이나 고뇌가 담겨 있을 듯해 그의 다른 작품들을 이해하는 데도 도움이 될 것 같았다.

이 작품이 메타소설임을 짐작케 하는 것은 서두 부분이다.

화자는 일주일마다 자기에게 돈을 주고 원고를 가져가는 사람이 여럿 있다고 한다. 그런데 그는 그런 글쓰기를 그만두고 싶다. 돈을 벌기 위해 하는 것도 아니고, 뭘 위해 그 짓을 되풀이하고 있는지 자기 자신도 모르겠다고 한다. 글을 쓸 만큼 아는 것이 별로 없다고도 한다. 일주일마다 오면서 그 사람들은 전에 자기가 넘겼던 원고에 알 수 없는 표기들을 해서 되가져오곤 하지만, 그는 그것을 한 번도 읽은 적이 없다.

명색이 작가인 나로서는 어느 부분 공감이 되면서 다음 전개에 대한 호기심이 일었다. 하지만 몇 페이지를 넘기지 못하고 나는 혼란에 빠지고 말았다. '이게 뭐지?' 아무리 고정된 소설의 틀을 깨어버린 것이라지만, 맥락 없고 지루하고 비약적이고 난해하기 짝이 없는 문장들…. 처음 《고도를 기다리며》를 만났을 때를 기억나게도 했다. 읽기를 포기하고 밀쳐두기를 수차례. 심란한 마음에 바깥을 내다보다 생각에 빠졌다. 꼬리에 꼬리를 물고 이어지는 생각들. 그러다 화다닥 깨어나 처음으로 돌아오기를 반복하는, 쓸데없고 두서없고 맥락 없는 생각들. 밀쳐두었던 《몰로이》가 생각났다. 그가 보여주고자 한 것이 바로 이런 생각의 흐름이었을까?

책을 집어 들고 첫 페이지부터 다시 읽기 시작했다. 조금 전 내 생각의 흐름을 돌이켜보니 한결 읽기가 편안해졌다. 스토리나 구성을 의식하지 않고 그냥 화자의 의식의 흐름을 따라 시공간을 넘나든 글. 그가 초년 시절에 좋아했다던 초현실주의 작가 제임스 조이스의 그림자가 얼비치기도 했다.

《몰로이》는 1인칭 시점 소설로, 1부는 주인공 '몰로이'가 어머니 집을 찾아가는 과정을, 2부는 의뢰를 받고 몰로이를 찾아 떠나는 '모랑'이라는 사립 탐정의 여행 과정을 그리고 있다. 1, 2부 모두 여정旅程을 서술한 글이다. 이 글에 등장하는 인물들은 화자의 입을 통해서만 살아나는, 무생물 또는 배경에 가깝다. 2부는 1부에 비해 어느 정도 스토리와 맥락이 있어 읽기에 좀 수월한 편이었지만, 종잡을 수 없는 의식의 흐름은 여전해서 모호하기는 마찬가지였다. 다만 짐작되는 것은, 몰로이에게 쓰기를 강요했던 '목소리'나 모랑에게 보고서를 쓰라 명령했던 '목소리'가 모두 주인공의 분열된 자아거나, 아니면 대중, 독자가 아닐까 하는 것이다.

1, 2부는 모두 결미가 서두로 되돌아오는 도돌이 형식을 취하고 있다. 조금 전 내 생각의 흐름과 같다고나 할까. 시작하고 돌아오고 지우고 다시 시작하는….

《몰로이》는 혼돈의 연속이다. 화자가 방금 자기가 했던 말을 부인하는가 하면, 알았고, 보았고, 들었던 것도 의심 또는 부정해버리거나 착각화 또는 환상화해 버린다. 몰로이나 모랑이 경험한 모든 것이 불확실의 연속이다. 오로지 확실한 것은 '결국은 아무것도 모른다는 것, 그것은 아무것도 아니며, 아무것도 알고 싶지 않다는 것, 아무것도 알 수 없다는 것, 아무것도 알 수 없다는 것을 아는 것'일 뿐이다.

작품이란, 글쓰기란 많은 부분 허구요 허상일 수밖에 없다. 기억에 의존하는 것이 글쓰기인데, 그 기억 속에 있는 시간, 공간, 사건이라는 것이 그렇게 확실하지도 질서정연하지도 않기 때문이다. 그래서 베케트는 "아무것도 아닌 것에 대해 말하는 유일한 방법은 그것이 어떤 것인 양 말하는 것이다. -《와트Watt》"라 했는지도 모르겠다. 불확실한 것들을 근사치로 확실한 듯 엮어내는 것이 글쓰기라는 얘기다.

《몰로이》의 또 다른 주제는 '실패' 혹은 '무화無化'이다. 몰로이는 어머니 집을 찾아가는 데 실패하고 모랑은 몰로이를 찾아내지 못한다. 그런데 소설의 서두에서 몰로이는 이미 어머니 집에 도착해 살고 있었고, 하지만 누가 자기를 이곳에 데려다 놓았는지 모르겠다고 했었다. 또 모랑은 몰로이를 찾기 직전 목소리 명령에 의해 출발했던 곳, 집으로 되돌아와 버린다. 그리고 서두에 서술했던 것을 모두 부정하는 문장으로 끝을 맺는다. 결과적으로 몰로이의 어머니 집 찾기 여정과 모랑의 몰로이 찾기 여정은 무화되고 만다. 쓰인 흔적은 남았지만, 결과적으로는 아무런 일도 일어나지 않은 셈이 되고 만다.

몰로이와 모랑이 겪은 실패는 정체성 찾기의 실패를 의미하기도 한다. 여정의 목적이 결국은 그들 자신의 정체성 찾기였기 때문이다. 하지만 몰로이는 어머니의 이름을 자기 이름과 헛갈려 사용하는가 하면, 모랑은 점점 몰로이를 닮아간다. 결과적으로 몰로이의 어머니화, 모랑의 몰로이화와 같은 혼돈만

남는다. 이런 정체성 모호의 원인을 역자 김경의는 '상호주체성' 때문으로 본다. 주체는 이미 그 내부에 자신이 기억할 수 없는 외부적 존재와의 관련을 가지고 태어나기 때문이라는 것이다. 모든 글이 상호텍스트성을 가지듯, 우리는 타인과 관계를 맺으면서 어느 부분 타인화가 되어 간다는 얘기다.

몰로이와 모랑의 정체성 찾기 실패는 베케트 자신의 정체성 찾기 실패를 의미하기도 한다. 그럼에도, 실패를 거듭하면서도 베케트는 자기 자신을 극도로 고통스런 상황으로까지 몰아넣으며 자신과의 대화를 계속함으로써 정체성에 대한, 존재에 대한 탐색을 멈추지 않는다.

"예술가가 된다는 것은 실패하는 것이다. 일반인들은 감히 실패하려고 하지 않기 때문에 실패는 예술가의 세계이며, 실패로부터 움츠리는 직무 유기이다."

앙드레 뒤트와의 대화 중 나온 이 말은 작가에게 있어 실패는 피해야 할 경험이 아니라 창작의 필수 과정임을 깨우쳐준다. 실패할지언정 작가는 쓰기를 멈춰서는 안 된다는 것이다. 몰로이와 모랑의 실패는 그 경우의 수라 할 수 있겠다.

《몰로이》의 또 다른 주제는 '언어의 한계성'이다. 비트겐슈타인은 "말할 수 없는 것에 대해서는 침묵해야 한다."고 했지만, 베케트는 침묵하기 위해 말을 쏟는다고 한다. 언어가 결코 진실을 재현할 수 없다는 것을 깨닫기 위해 끊임없이 말을 한다는 것이다. '뭘 하는지, 왜 하는지도 모르면서 하는, 이 형벌보다 더 혹독한' 글쓰기. 그래서 그는 '일단 더럽히고 깨끗이 쓸어버리는' 쪽을 택한다.

> 나는 그 희망들을 내 안에서 점점 자라나서 뭉게뭉게 일어나 반짝이게 하고 매혹적인 수많은 장식으로 꾸며지게 놔두었다가, 그다음에 혐오의 빗자루를 크게 휘둘러 쓸어버리고 내 안을 깨끗이 청소한 다음 그것들이 더럽히려고 했던 그 빈 공간을 만족스럽게 바라보았다.
>
> -《몰로이》

모랑이 "자정이다. 비가 창문을 때리고 있다."고 서술했던 서두를 "그때는 자정이 아니었다. 비가 오고 있지 않았다."며 번복으로 끝맺음해버린 것도 이제껏 기술했던 말들이 헛소리였음을, 그래서 깨끗이 지워버려 아무 말도 하지 않았던 처음의 상태로 되돌아가겠다는 의지이다. 하지만 침묵은 이내 다시 말로 포화된다. 일말의 희망에 기대어 또다시 말을 쏟아내보지만 헛수고다. 그럼에도 결국 기댈 수밖에 없는 언어라는 존재. 이것이 언어의 한계이고 부조리다.

한편 베케트는 거의 모든 작품에서 등장인물들을 불구화 혹은 부자유화 한다. 이런 시도는《몰로이》에서부터 이미 싹이 트고 있었다. 몰로이는 목발을 짚는 불구자이고, 멀쩡했던 모랑 또한 후반부에선 목발을 짚는다. 이후의 희곡들에서는 등장인물들을 극한 상황으로까지 몰고 간다. 《Happy Days》에서는 여주인공 '위니'를 목까지 흙에 파묻히는 부자유 속에 가두는가 하면, 《게임의 종말》에서는 주인공 '함'을 하반신 마비에 장님으로, '클로브'를 다리 불구로 그리고 '함'의 부모는 항아리 속에 가두어버린다. 《이름 붙일 수 없는 자》에서는 주인공을 아예 사지가 절단되어 몸통만 남은, 무생물 같은 존재로 만들어버리기도 한다. 《고도를 기다리며》에서 또한 '포조'와 '럭키'를 장님화, 벙어리화한다. 이는 필연적으로 오고 말 육신의 노화를 의미하는 것이기도 하지만, 한편으로는 결여 혹은 부조리함으로 비정상화되어가는 삶을 은유하려 한 것이 아닌가 한다.

> 모든 것이 희미해진다. 조금만 더 가면 장님이 될 것 같다. (…) 또한 벙어리가 되고 소리들은 점점 약해진다.
>
> -《몰로이》

베케트가 자주 언어 선택을 번복하곤 했던 것도 '결핍' 때문이다. 그는 익숙한 모국어 영어를 버리고 프랑스어로 글을 쓰다가 프랑스어가 익숙해지자 다시 낯설어진 영어를 선택한다. 익숙한 언어가 주는 상투성에서 벗어나 결여된 언어, 왜곡되거나 불완전한 언어를 사용함으로써 표현의 순수성을 지켜보려는 안간힘인 듯하다. 실제로 그는 영어 문장에 프랑스어식 표현을, 프랑스어 문장에 영어식 표현을 쓰는 의식적인 오류를 남기기도 했다고 한다. 이런 그의 글쓰기를 언어의 유희로 보기도 하지만, 결핍을 부정적 요소로만 보지 않았다는 반증이기도 하다. 어쩌면 그가 작품 속 인물들을 불구로 만든 것도 결핍되고 모순된 인간 본연의 모습을 보여주려는 의도가 아니었을까.

말하고자 하는 바도 온전히 말해지지 못하고, 말을 늘어놓을수록 말하려고 하는 것이 무엇인지 모호해지는 걸 알면서도 계속해야 하는 글쓰기라는 작업. 작가라는 직업. 그럼에도 글쓰기를 "계속해야 한다. (그런데) 계속할 수가 없다. (그러나) 계속할 것이다."(《이름 붙일 수 없는 자》)

소설 《몰로이》는 소설 쓰기를 패러디하고 있지만, 우리 삶을 은유하는 것이기도 하다. 이후 그의 모든 작품들의 주제가 되는, 삶의 불확실성, 무의미함, 부조리, 무無 등이 이 작품 속에 잉태되어 있었기 때문이다.

쓰고 지우는 일처럼 삶은 일상의 반복이다. 하지만, 불확실함에도 확신을 향한 쓸데없는 노력을 반복하고, 극한 상황 속에서도 의미 없는 말, 의미 없는 행동을 되풀이하는 그의 작품 속 인물들처럼 무로 되돌아가기까지 우리는 이 무모한 반복 행위를 계속해야 하고, 계속할 수밖에 없고, 또 계속할 것이다. 목까지 파묻힌 극한의 부자유 속에서도, 하여 곧 죽음이 올 것임을 알고 있음에도, 보이지도 않는 상대의 무심한 말 한마디를 들은 것으로 "오늘도 행복한 날이 될 것"이라는 미래 완료형 긍정으로 하루를 마무리하는 《Happy Days》의 '위니'처럼, 무가 되는 그 순간까지 생존이라는 게임을 지속하려는 우리의 의지는 계속될 것이고 또 계속되어야 한다.

알랭 바디유는 베케트의 문학에서 부조리와 절망과 허무 속에서도 그런 상황을 견뎌내고자 하는 '지칠 줄 모르는 욕망'을 발견해내고 그것을 '진리에의 희망'이라 명명했다. 하지만 나는 베케트가 부정적 사고에 매몰되지 않을 수 있었던 것은 '욕망'이나 '희망' 때문이라기보다는, 초월적 사고에 도달해 있었기 때문이 아닌가 싶다. 일상성日常性에 대한 긍정과 수용, 나아가 존중이다. 베케트의 거의 모든 작품에 드러나 있는 끝없는 '다시 시작하기'와 '계속하기'가 그것을 말해주고 있다.

> "계속하자. 마치 모든 것이 한결같은 권태에서 솟아난 것처럼 해보자. 채워보자. 완전히 까맣게 될 때까지."
>
> -《몰로이》

어쩌면 《고도를 기다리며》 속 블라디미르와 에스트라공이 목메게 기다리고 있던 '고도'는 이런 무한 반복 행위를 끝나게 해줄 죽음, 무無가 아니었을까. 또한 그 무는 아무것도 없는 상태가 아니라, 그가 '영원한 사물들의 요지부동의 혼란'이라 정의했던 '폐허'와 같은 게 아니었을까.

"그것은 끝난 세계이고, 그 세계를 다시 태어나게 한 것은 그 종말이며, 그 세계가 시작된 것은 그것이 끝나면서이다."라 한 몰로이의 독백처럼, 베케트의 무는 영원한 '다시 시작하기'를 품고 있는 카오스, 혹은 태극太極 같은 것인지도 모르겠다.

> 천하만물은 유에서 나오고, 유는 무에서 나온다
> (天下萬物 生於有 有生於無)
>
> – 노자 《도덕경》

베케트의 무한 반복 의지는 이런 우주 만물의 순환 이치에 순응하고, 기껍게 그리고 충실하게 도로徒勞의 과정을 치러내는 수행修行 같은 게 아니었을지.

인증

"안 되겠네요, 어르신."

주민센터 직원이 미안한 표정을 지으며 컴퓨터 마우스에서 손을 뗐다.

2주 전쯤, 은행 통장을 개설하면서 신분 확인을 위해 운전면허증을 꺼냈다. 그런데 함께 들어 있어야 할 주민등록증이 보이지 않았다. 집에 돌아와 오만 데를 뒤져보았지만, 없었다. 신분증을 썼음 직한 기억을 떠올려 보려 해도 깜깜하기만 했다. 갑자기 불안해졌다. 나를 사칭해 벌어질지도 모르는 불법 행위들 때문이었다. 다음 날 급히 찍은 증명사진을 가지고 주민센터를 찾아가 재발급 신청을 했다.

4주 정도 걸린다던 신분증은 2주 만에 발급되었다. 새 주민등록증을 물끄러미 들여다보았다. 사진 속 내 머리가 거의 눈

밭이 되어 있었다. 변한 게 어디 머리뿐이랴. 예전엔 밉게 나오거나 보정이 안 된 사진을 보면 속이 상하곤 했는데, 이제는 덤덤하다. 실물이 말해주는데 사진이 대수겠는가 싶어서다. 나이가 드니 솔직하다기보다는 뻔뻔해지는 것 같다.

새 신분증을 챙겨 일어서려다 문득 지문 때문에 불편을 겪었던 기억이 떠올랐다. 증명서를 떼기 위해 지문 인식기에 손가락을 대면 인식 불가가 떠, 매번 가족 인적 사항을 확인하는 것으로 인증을 대신하곤 했었다. 그런 애로사항을 들며 지문을 다시 채취해 신분증을 만들 수 있냐 물었더니 가능하다고 했다.

그때부터 지문 채취와의 씨름이 시작됐다. 먼저, 직원이 내어준 백지에 십여 개의 지문을 찍었다. 그런데 그 지문들을 컴퓨터에 입력시켜본 그가 고개를 갸웃하더니 나더러 들어와 자기 옆에 앉으라 했다. 그러고는 컴퓨터 지문 채취용 화면에 엄지손가락을 대고 천천히 돌려가며 누르라 했다. 연계된 컴퓨터 화면 위에 중간중간 끊기고 희미한 지문의 형태가 드러났다. 너무 힘을 주지 마라, 조금 더 힘을 주어라, 끝까지 돌려 찍어라, 되풀이되는 그의 지시에 따라 십여 차례 지문을 채취했지만 모두 실패라고 했다. 인식기가 최소 80%는 읽어낼 수 있어야 하는데 그렇지 못하다는 것이다. 현재의 지문 상태 그대로 올리면 안 되느냐 했더니 컴퓨터가 거절해서 불가능하다고 했다. 내 몸이 나를 인증하지 못하는, 유명무실有名無實한 존재가 되고 만 것이다.

사람이 만든 기계가 사람을 거절하는 아이러니가 씁쓸했지만, 대부분의 일을 기계가 처리하는 세상이니 어쩌겠는가. 몇 차례 더 시도해보다 포기하고 그에게 주민등록증을 돌려달라고 했다. 주민등록증 위에는 사인펜으로 크게 가위표가 쳐져 있었다. 새로 발급할 것으로 예상하고 폐기하려 했기 때문이다. 직원이 열심히 지워봤으나 너무 힘주어 그은 탓인지 긁힌 상처가 희미하게 남았다. 문득, 머지않아 나를 증명하던 모든 서류에 이렇듯 단호하게 가위표가 쳐질 것을 예고하는 것만 같아 쓸쓸해졌다.

집에 돌아와 인터넷으로 '지문指紋'을 검색해보았다. 지문이 어떻게, 언제부터 생기고, 또 어떻게 없어지는지 궁금했다. 지식백과, 나무위키 등을 훑어보았다. 비슷한 정보들이었다. 임신 13주쯤부터 생성이 되며, 일란성 쌍생아마저도 자궁 속에서 각기 돌연변이가 진행되어 달라지는 만큼, 같은 지문을 가질 확률은 640억 분의 1 내지 870억 분의 1일 정도로 불가능에 가까운 일이라 한다. 혹여 죽은 사람의 지문을 찍어 위조를 하려 해도, 산 사람과 죽은 사람의 지문은 패턴만 같을 뿐 성분이 달라 다를 수밖에 없다고 하니, 인증 방법에 있어 지문만큼 정확한 것도 없지 싶다.

지문은 손가락 끝마디 안쪽 부분에 땀샘이 융기되면서 생성되는데, 한 번에 완성되는 것이 아니라 중앙, 손톱 밑, 첫째

마디선, 이 세 부분부터 시작된다고 한다. 이렇게 생성된 융선隆線들은 피부의 마찰력을 높여 미끄럼을 방지하고 감각의 민감도를 높이기도 한다고 하니, 인증 도구로서의 쓰임새는 차치하고라도 조물주의 지혜가 놀랍기만 하다.

이 융선이 없어지는 것은 고된 노동으로 인한 마모 때문이라 한다. 하지만 노동의 질質 못지않게 양量의 영향도 클 터. 허니 내 지문이 희미해진 것은 순전히 누적된 양, 즉 세월 탓이라 하겠다. 더욱이 나이가 들면 세포의 퇴화 속도가 생성 속도보다 빨라지는 법. 지문 외에도 생체 인식 방법으로 혈관, 동공, 입술 등이 이용된다고 하지만, 그것들이라고 세월을 비껴갈 수 있겠는가. 한 걸음 한 걸음 13주 이전의 태아 상태로 거슬러가다 소멸되어 버리고 말 내 지문, 내 몸.

사회 활동이 줄어드니 인증 요구도, 필요성도 줄어들어 나는 점점 자연인, 무용인無用人이 되어간다. 한때는 글로서 나를 증명해 보이려 애면글면하기도 했지만, 언어와 표현의 한계를 절감하면서부터는 조바심을 버렸다. 그저 마음이 가는 것을 마음이 가는 대로 쓸 뿐이다. 신체적으로도 정신적으로도 홀가분해져 가고 있다는 증거다. 사회적 동물로부터 멀어지고 있다는 것이 조금 외롭긴 하지만, 하 많은 종種 중에 '인간'이라 낙인찍어 세상으로 내어 보내신 조물주의 인증이 있으니, 그것으로 되었다.

4부

맹목
코스프레
경계 지음
득호기得號記
비 갠 후
역진화逆進化
손톱 깎기
나의 글쓰기

맹목

철제 하수구 덮개를 막 건너뛰려 할 때였다. 덮개와 시멘트 도로가 만나는 곳, 그 벌어진 틈새에 활짝 피어 있는 제비꽃 한 송이가 눈에 들어왔다. 걸음을 멈추고 바라보았다. 줄기가 좀 가녀리긴 했지만, 키도 여느 제비꽃 못지않고 빛깔도 고왔다.

주변을 둘러보았다. 이 봄에 피었다는 건 지난봄 씨앗이 발아를 한 것일 터, 씨앗이 묻어왔을 만한 곳을 찾아보기 위해서였다. 이곳은 올림픽공원 안에 자리 잡은 미술관이다. 공원이니만큼 미술관 주변 대부분이 잔디밭이다.

잔디를 관리하는 손길이 많이 갔을 터인데도 잔디밭 곳곳에 제비꽃이 피어 있었다. 민들레도 아니니 씨앗이 바람에 실려 왔을 리 만무하고, 그렇다면 이 제비꽃은 지난해 잔디를 밟은 누군가의 신발에 묻어와 이곳에 뿌리를 내리게 된 것이리라.

길을 지나다 보면 보도블록 틈새에, 혹은 갈라진 벽 틈에 피어 있는 풀꽃들을 종종 만나게 된다. 도심의 풀꽃들이야 저보다 우월한 식물들 사이를 비집고, 혹은 나무 밑 같은 그늘진 곳에서 시난고난 피는 것이 숙명이긴 하지만, 하필이면 척박하기 그지없는 저런 틈새에 자릴 잡게 되었을까 안쓰러운 마음이 들곤 한다. 하지만 안쓰러움도 잠시, 한 줌 흙이 있는 곳이면 어디든 억척스럽게 키를 키우고 몸피를 늘려 기어이 꽃을 피워내고 씨를 품는 걸 생각하면 그 강인한 생명력에 그만 시르죽고 만다.

긴 세월 많이도 흔들리며 살아왔다. 결국 무無로 돌아갈 것을 왜 태어나는 건지, 그런 목숨을 무엇 때문에 또 무엇을 위해 부지해야 하는 것인지, 이렇게라도 살아야 하는 건지 회의하고 주저하며 여기, 이 시간까지 왔다. 하지만 이런 나의 마음과는 아랑곳없이, 내 몸은 생체 시계의 수순을 흔들림 없이 밟아가고 있다. 그 수순은 어느 시인의 시구처럼 '손 하나 까딱하지 않고 나아가는, 첨단'*이다. 그리고 틈새에 핀 저 제비꽃처럼 무모하다. 어느 곳 어느 시간에 처하든, 끝이 무엇인지 알든 모르든 계속 나아갈 수밖에 없는.

"생명은 무엇인가요?"

"맹목입니다."

---

* 이향란 시인의 시 〈맹목〉에서 인용

맹난자 수필가의 물음에 대한 고은 시인의 답변이다. 구구절절 설명을 넘어선, 해탈이다. 좁은 틈새를 비집고 들어가 오리무중 땅속을 더듬어 내려갔을 저 제비꽃 뿌리처럼, 영장류의 으뜸이라는 사람의 일생도 도리 없는 맹목이다. 목표를 세우고, 분별하고 판단하여 그 길을 가는 것처럼 보이지만 사실은 모든 것이 깜깜이다. 그렇게 먼 눈으로 뚜벅뚜벅 걸어갈 뿐이다. 무모하지만 용감하게.

코스프레

전화벨이 울렸다.

"고모! 뭐 사다줄 것 없어?"

○○엄마였다. 십여 년 전 친정집 가사도우미를 잠깐 했던 인연이 있는 사람으로, 당시 조카애들이 나를 부르던 호칭을 그대로 쓰고 있다. 요즘은 시간제 요양보호사 일을 하고 있어 일이 끝날 시각쯤이면 그에게 종종 간단한 장보기 같은 부탁을 하곤 한다. 이웃 아파트에 살고 있고, 우리 집이 그 사람 집으로 가는 길목에 있어서 내가 몸이 불편할 때면 도움을 받는다. 떨어져 사는 자식보다 더 살갑고 고마운 사람이다.

그런데 오늘 전화에는 숨은 이유가 있었다. 나더러 건강보험 심사원에 요양보호 등급 신청을 하여 하루 3시간씩 요양보호사를 쓰는 게 어떠냐는 것이었다. 그러면 자기가 매일 나를 공식적으로 도와줄 수 있으니, 자기는 남의 집 일 해주는 것보다 낫고 내게도 좋은 일 아니냐고 했다. 내가 진료비 혜택을 받고 있는 특정 질환자인 건 사실이지만 겉으로 보기에는 멀쩡해 등급을 받을 수 없다 했더니, 심사원 앞에서 조금만 쇼를 하면 된다고 했다. 칠십 노인이니 살짝 치매기를 보이거나 아픈 시늉을 하면 된다는 것이었다. 내가 그 짓까지 해서 도움을 받고 싶지는 않다고 했더니 깔깔 웃으며 말했다.

"내 그럴 줄 알았어. 고모는 FM대로 사는 사람이니까."

그 말을 듣자니 돌아가신 어머니 생각이 났다.

"이그, 남들은 쥐꼬리만 한 자랑거리도 뻥튀기만 잘하더만, 너는 있는 사실도 못 써먹냐?"

첫 수필집을 내면서 약력을 줄여 적는 내가 못마땅해 던진 말씀이었다.

칠십 고개를 넘어서 내 지나온 날들을 더듬어 보니 참으로 답답하고 미련한 삶이었던 것 같다. 한 대중가요의 노랫말처럼 '지도도 없이 걸어온' 인생길이 하나같이 지름길이 아닌 돌아서 가는 길이었다. 착한 사람, 바른 사람 코스프레에 쉬운 길을 두고도 사서 고생을 한 것이다.

그래서 요즘 내가 염두에 두고 있는 말이 "누구에게나 좋은 사람은 좋은 사람이 아니다."이다. 누구에게나 좋은 사람은 자기감정에 솔직하지 못하다는 뜻일 수 있기 때문이다. 한데 그 문구를 수시로 머릿속에 각인시키고 있음에도 실천에 이르면

번번이 실패다. 머리 따로 마음 따로다. '누구에게나 좋은 사람 되기'가 습관화, 체질화된 느낌이다.

어릴 때부터 내게는 '착한 아이'라는 꼬리표가 붙어 다녔다. 부모님께는 고분고분 말 잘 듣는 아이로, 밖에서는 조신하고 예의 바른 아이로 칭찬받았다. 칭찬은 고래도 춤추게 한다- 돌고래 조련 과정을 보면 맞는 것 같다 -는 말도 있듯이, 칭찬을 받는 것은 정신적으로든 물질적으로든 보상이 따르는 기분 좋은 일이어서 아마도 어린 마음에 그 재미로 착한 아이 되기에 더 열중했지 싶다.

어른이 되어서도 알게 모르게 '착한 사람 되기'는 내 일상을 지배해왔다. 아니, 아무에게서도 '나쁜 사람' 소리를 듣기 싫었다는 게 옳겠다. 그러다 보니 에둘러 말하고, 싫은 소리를 하지 않는 버릇이 생겼다.

○○엄마 말에 의하면 요양보호 일을 해주고 있는 집 안주인은 위장이혼을 하고도 거처가 없다는 이유로 남편과 한집에 살며 생계비 지원을 받고, 치매 심사원 앞에서 배우 못지않은 연기로 치매 환자 행색을 하여 요양보호사의 시중을 받고 있다고 한다. 막상 정말 치매에 걸린 환자는 심사원 앞에서 평소와는 달리 또렷한 정신력을 보여 가족에게 낭패를 안기는데, 그녀는 멀쩡한 정신이어서 도리어 기가 막히게 코스프레를 할 수 있었으니 희극도 이런 희극이 없다.

그러고 보면 나의 착한 사람, 정직한 사람 코스프레도 본질적으로 내가 그런 사람이 아니기에 더 잘 해낼 수 있는 것인지도 모르겠다. 양심을 '자연적 습성을 갖춘 이성적 능력'이라 규정한 토마스 아퀴나스(이탈리아 신학자, 철학자 1225~1274)에 따르자면, 양심을 빙자하여 착한 사람, 바른 사람 코스프레를 본디 가진 습관처럼 잘 해내는 나는 대단한 이성적 능력의 소유자인 셈이다.

능력이 되었든 습성이 되었든 칠십 평생 이런저런 코스프레를 하며 살다 보니 나 스스로도 내 본 모습이 어떤 것인지 궁금해질 때가 있다. 글로서 나를 진솔하게 표현한다지만 활자화된 내가 정말 적나라한 나의 모습일까? 맨얼굴이라는 여배우 얼굴이 실은 맨얼굴이 아니듯이, 글에서의 나의 모습 또한 그런 것 아닐까.

그렇다면 아마도 내 코스프레의 끝은 내가 이성적 능력을 잃어버린, 즉 정신 줄을 놓는 날이 되지 않을까 싶다. 하지만 정신 줄을 놓으면 그 또한 내가 나를 알지 못할 터이니, 나는 영원히 본래의 나를 모른 채로 살다 갈 것 같다.

경계 지음

지인과 오래 통화를 했다.

넋두리가 절반인 그의 얘기를 들으며 나의 대꾸는 "그랬겠네요.", "그러게 말이에요.", "글쎄 그렇다니까요."가 대부분이었다. 아니, 통화를 끝내고 주고받았던 얘기를 더듬어보니 그랬었다는 게 맞다.

십수 년 전, 어느 문우와 통화를 하던 중 그의 하소연 가운데 상대에 대해 오해하고 있는 부분이 있는 듯하여 설득을 했다가 "너 잘났다!"는 공격을 받아 황당했던 적이 있었다. 글 선배님께 억울함을 호소했더니 명쾌한 답을 주셨다. "누군가 하소연을 할 때면 무조건 맞장구를 쳐주어라." 위로를 받고 싶어 털어놓은 것일 테니 납득할 수 없는 점이 있더라도 동조를 해주어야 한다는 말씀이었다.

그 후 그 말씀을 금과옥조로 삼았다. 빈말이더라도 다친 마음에는 약이 되겠거니 해서다. 그런데 방금 전 지인과 주고받았던 내용을 곰곰 되새겨보니 내 맞장구의 농도와 온도가 예전과 많이 달라져 있음을 느꼈다. 다는 빈말이 아니었다는 얘기다.

어찌 된 일인지 나이를 먹을수록, 경험이 쌓여 갈수록, 아는 것이 많아질수록 나의 판단력은 점점 흐려져 간다. 하인들의 다툼에 '네 말도 옳고, 네 말도 옳다' 했던 조선시대 명정승 황희의 판결에 언감생심 비견할 수는 없겠으나, 겉모양새로만 보자면 요즘 시비선악是非善惡에 대한 내 판단이 딱 그 지경에 놓여 있는 것 같아 곤혹스럽다. 회색지대에 머물러 안위를 도모하려는 것이 아니라, 판단의 잣대가 되는 경계 짓기가 모호해진 것이다. 우유부단한 성격 탓도 있겠지만, 그보다는 보이는 것 이면에 숨어 있는 것들이 보이기 시작해서가 아닌가 싶다. '아는 것이 힘이다'가 아니라 '아는 것이 병'이 되고 만 형국이다.

그동안 흑과 백의 경계를 명확하게 하고 싶어서, 혹은 내 인식의 한계를 확장하고 싶어서 이것저것 들쑤셔왔다. 덕분에 한동안은 경계가 제법 모양새를 갖춰가는 듯했다. 그러나 앎이 많아질수록 내 판단은 방황이 잦아졌다. 세상에 홀로 우뚝한 것은 없다는 것을 깨닫게 되었다고나 할까.

학문 역시 그런 것 같다. 모든 학문은 어느 부분에서든 서로

연계가 되어 있다. '전문'이라는 잣대로 다른 학문과 명확히 경계를 짓는 게 어렵다는 얘기다. 생물학자 최재천 교수가 과학과 인문학 간의 '통섭通涉'을 이야기한 것도 그 때문이지 싶다.

누군가에 대해 안다는 것도 마찬가지다. 나도 나를 잘 모르는데 하물며 남이겠는가. 어쩌면 안다는 것은 인식의 경계를 확고히 하는 것이 아니라 경계를 허무는 것이 아닌가 하는 생각이 든다.

요즘 음식을 먹다가 자주 사레들리곤 한다. 기도 괄약근이 느슨해져 식도로 넘어갈 음식이 기도를 침범해서다. 아직은 괄약근의 조임새가 막무가내로 허물어지지는 않아서 잘못 들어온 음식을 밀어내려 기침의 힘을 빌리고 있지만, 어느 날엔가는 기침만으로는 감당해낼 수 없는 지경에 이르게 될 것이다. 방광이나 대장과 같은 여러 장기나 이목구비도 마찬가지여서 실금失禁의 사태를 빚을 것이며. 뇌의 기억 장치도 잠금이 풀어져 온갖 기억들이 무시로 넘나들이를 할 것이다.

단세포인 난자는 카오스와도 같은 상태다. 정자를 만나 수정이 되면 서서히 손과 발, 이목구비며 장기들이 모습을 갖춰 가면서 서로 간에 경계를 만들고 역할을 분담한다. 어머니 몸에서 분리되어 독립된 주체가 되면 세력을 확장하고 경계를 확고히 하여 똑 부러지게 제 역할을 해내다가, 어느 시점에 이르면 그 경계가 허물어지기 시작한다. 본래 상태인 카오스로 되돌아가는 듯하다. 근래 내 인식의 혼란이 그런 내 몸의 생리적 변화를 닮아가는 것 같다.

이제껏 나와 남, 나와 세상을 경계 지으며 살아왔다. 모든 경계심을 놓아버리고 하나가 되는 경지, 즉 주객일체主客一體, 물심일여物心一如의 경지를 해탈이라 한다는데, 그렇다면 요즘 나의 이 혼돈과 방황은 해탈로 가는 과정인 것일까? 아니면 설익은 앎이 빚어낸 몽매蒙昧에 불과한 것일까?

아차, 이것 또한 경계 지음이려니, 아서라 판단을 말자.

득호기得號記

뒤늦게 이름 하나를 얻었다.

언제부턴가 내 이름의 지루함에서 벗어나고 싶었다. 은혜 혜惠 못 연淵, 혜연. 어머니께서 지어주신 이름이다. 연淵은 항렬行列에 의한 돌림 자字라, 앞 글자를 두고 혜惠와 숙淑이 다투었다. 혜惠의 승리였다. 은혜를 연못만큼 많이 입으며 살라는 어머니의 간절한 바람이 담겼다. 기왕이면 '은혜를 베푸는 연못'이라는 대승적 의미를 담았더라면 어땠을까 싶지만, 어머니의 마음은 그러했다. 그 이름 덕으로 은혜를 입고 살았는지 은혜를 베풀며 살았는지는 하늘이 판단할 일이다. 하지만 알게 모르게 은혜를 주고받으며 사는 게 사람살이고 보면, 어느 쪽이라 재단하기는 어려운 일이지 싶다.

사람들은 내 이름이 예쁘다고 한다. 어머니 시대에 맞지 않게 세련됐다며 어머니의 안목을 칭찬했고 나 또한 그렇게 생각하며 살아왔다. 그런데 나이가 들어가면서 내 이름이 답답하게 느껴졌다. 돌림자가 주는 속박 때문이었을까, 아니면 고요하기만 한, 정체되어 있는 연못의 이미지 때문이었을까? 내가 마치 못이라는 좁은 공간을 세상의 전부인 양 착각하며 한가롭게 노닐고 있는 물고기 같았다.

내 힘으로 새 이름을 지어보고 싶었다. 빼도 박도 못할 호적 이름은 이미 있으니 호號로나 숨통을 터보자. 대단한 학자도, 문인도 아니어서 호를 갖는다는 게 민망하긴 하지만, 묻어두고 슬쩍슬쩍 꺼내 쓰면 어떠리.

사주명리학에도 문외한이고 한문에 조예가 깊은 것도 아니어서 틈이 날 때마다 그냥 마음에 드는 한자를 골라 모아보았다. 하지만 두 글자를 조합하여 뜻을 만들어내는 게 여간 어렵지 않았다.

지난해, 칠순을 계기로 지나온 길을 되돌아보았다. 하나같이 지름길이 아닌 에돌아가는 길이었다. 가까이서 나를 지켜봐 온 지인의 말마따나 FM대로 살아온 우직한 삶이요, 착한 사람 코스프레에 매여 제 밥그릇도 못 찾아 먹은, 영악함이란 눈을 씻고 찾아봐도 없는 아둔하기 짝이 없는 일생이었다. 탄식이 절로 나왔다.

옳커니! 어리석을 '우愚'자를 넣어보자. 제 버릇 어디 가겠는가, 앞으로도 어리석기 한결같을 터이니 같을 '여如'자와 조합

해보면 어떨까? 앞에 두면 '여우'가 되어 어감이 좋지 않으니 뒤에 두자. 우여愚如! 그럴듯했다.

흡족해했던 것도 잠시, 노파심이 생겼다. M선배님의 호에 '여如'자가 있으니 혹여 선배님께 누가 되지는 않을까? 마침 선배님을 뵐 기회가 있어 슬쩍 여쭈어보았다. 당신은 상관없으나, 두 글자의 조합이 마땅치 않다 하셨다. 사주로 풀어봐야 될 일이지만 우와 여가 맞지 않는다는 것이었다. 연로하신 분께 사주로 풀어 이름을 짓는 힘든 일을 부탁드릴 염치가 없어 잠자코 있었더니, 잠시 후 '여如' 대신 소 '우牛' 자를 넣으면 좋겠다 하셨다. 우우愚牛! 소가 밭을 갈 듯 묵묵히, 꾸준히 심전경작心田耕作으로 글밭을 일구라는 의미였다. 여자에게 소 '우'자를 써도 되나 여쭈니 소가 원래 여성을 상징한다 하셨다. 덩치로 보아 남성적 이미지로 착각하기 쉬우나, 발굽이 두 개로 갈라져 음陰을 상징하므로 여성을 의미한다는 것이다.

소는 십이지十二支의 하나로 방향은 북북동, 시간으로는 새벽 1시에서 3시, 달로는 음력 12월[丑月]을 지키는 방향 신이자 시간 신으로, 그 성질이 유순하고 참을성이 많아서 씨앗이 땅속에서 봄을 기다리는 모양과 닮았다 한다. 더불어 근면함, 우직함, 유유자적이라는 덕목까지 가지고 있으니 그 글자를 빌어다 써도 민망하지 않을 만큼 나를 닮은 것 같았다. 거기에 '우愚'자를 조합하면, 씨앗을 틔우기는커녕 마냥 기다리기만 하는 미련함까지 겸비한 형상이니 내게 안성맞춤 아닌가.

심우도尋牛圖 또는 십우도十牛圖는 자신의 참 마음, 진면목眞面目을 찾아가는 수행 과정을 10단계로 나누어 보여준다. 심우尋牛, 견적見跡, 견우見牛, 득우得牛, 목우牧牛, 기우귀가騎牛歸家, 망우존인忘牛存人, 인우구망人牛俱忘, 반본환원返本還源, 입전수수入廛垂手가 그것으로, 여기서 소는 바로 오욕을 벗어난 마음, 진면목을 뜻한다. 한편 도교道敎에서 소는 유유자적과 은일을 의미하기도 한다. 성질이 급하지 않아 경거망동하지 않고, 느린 걸음으로 주변의 풍경을 느긋이 둘러보며 가는 소 같은, 도가적道家的 삶에 대한 선망으로 한때 기우도騎牛圖가 유행하기도 했다. 이는 노자老子가 청우靑牛를 타고 함곡관에서 사라졌다는 전설 같은 이야기의 영향도 있었다 한다. 심우도 또한 그림의 후반에서는 소가 사라져버린다. 이는 마음을 찾다가 끝내는 그 마음마저 잊어버려 공空, 반본환원返本還源(맑은 본성으로 돌아감)의 상태가 되는 것을 의미한다.

마음 수행이 따로 있을까. 살아가는 일 자체가 마음 닦기 같다. 저지르고 후회하고 반성하고 다잡는 일의 끝없는 반복이다. 그런 반복을 어지간히 치러온 나의 지금은 십우도로 치자면 어디쯤 머물러 있는 것일까? 이름으로나마 소를 얻었으니 '득우'의 지점에 이르렀다고 억지를 부려볼까?

우우愚牛. 입안에 굴려보니 부드럽고 편안하다. 구음口音 같기도 하고 생략된 노래, 허밍 같기도 하다. 문득 근면하게, 우직하게, 유순하고 참을성 있게 살아온 나의 지난 삶이 꼭 잘못

된 것만은 아니라는 생각이 든다. 내 마음 편하고자 그리한 것이니, 그것으로 되었다.

전광석화電光石火 같은 빠름을 선호하는 세상에서 오늘 하루도 어리석은 소, 나는 뚜벅뚜벅 느리게 간다. 혹 아는가? 그러다 보면 반본환원, 입전수수의 경지는 아닐지라도, 평화로운 기우도騎牛圖처럼 얻은 소를 길들여 타고 집으로 돌아오는 '기우귀가騎牛歸家'의 세계에 이르는 행운이라도 얻게 될는지.

비 갠 후

한차례 세찬 소나기가 지나고 나자 집 앞 검단산에 초록빛이 짙어졌다. 해발 658.3m. 만만치 않은 높이지만 아파트 15층 높이에서는 시점視點이 산허리쯤부터여서 그런지 그리 높아 보이지 않는다.

경사가 가팔라서인가 골이 깊어서인가 그 많은 빗물을 먹고도 산은 시치미를 뚝 떼고 있다. 다만 초록이 더 깊어졌을 뿐이다.

'기운생동氣韻生動'이라는 단어가 절로 떠오를 만큼 높은 예술적 경지를 보여주는 그림 한 점이 있다. 겸재謙齋 정선鄭敾의 〈인왕제색도仁王霽色圖〉이다. 그런데 나는 그 그림을 바라보고 있노라면 '기운氣韻' 자리에 '기운氣運'이라는 단어를 대신 넣고 싶을 만큼 넘치는 힘을 느낀다. 그림 속 산은 깎아지른 화강암

절벽들을 거느리고 있어 그 기세가 여간 늠름해 보이지 않는다.

〈인왕제색도〉는 비 갠 후 인왕산의 모습을 그린 그림이다. 물기를 머금은 돌 절벽과 나뭇잎, 나무줄기는 짙은 먹빛으로 축축함을 전하고, 한꺼번에 쏟아져 흙과 나무뿌리들이 미처 품지 못한 빗물은 바위 위로 흘러내리면서 곳곳에 작은 폭포들을 만들어내고 있다. 비는 그쳤지만 흩어지지 못한 구름이 산허리를 안개처럼 휘감고 있어, 산은 신비로운 한편 생기발랄한 느낌을 준다.

이 그림은 겸재가 절친인 사천槎川 이병연李秉淵이 중병으로 생사를 넘나들고 있다는 소식을 전해 듣고 그의 쾌유를 빌며 그린 것으로 알려져 있다. 그림 오른편 아래쪽 소나무 사이로 보이는 집이 사천의 집이라고 한다. 사천의 집이 인왕산자락에 있었던 것은 사실이었지만, 실제라기보다는 친구를 그리는 정이 깊어 상상으로 들어앉힌 것이 아닌가 싶다.

백아伯牙와 종자기鍾子期 사이에 버금갈 만큼 지음知音의 관계였던 두 사람. 한 사람이 시를 지어 보내면 다른 한 사람이 그 시에 그림을 덧붙여 보내고, 한 사람이 그림을 그려 보내면 다른 한 사람이 그 그림에 시를 적어 보내고…. 그런 작품들을 일부 모아 엮은 화첩이 〈경교명승첩京郊名勝帖〉이다. 곤궁했던 시절의 겸재에게 알게 모르게 도움을 주곤 했던 사천. 그랬던 지기가 사경을 헤매고 있다는 소식을 들었을 때 그의 심경이 어떠했을까?

여든한 살 지기에게 일흔여섯 살 그림쟁이가 할 수 있는 일이 무엇이었을까? 그 시대 여든한 살 고령의 노인에게는 백약이 무효였을 터. 정선은 붓을 쥔 손에 온 힘을 실어 그림 한 폭을 그려내었다. 느닷없이 내린 비로 청신해진 인왕산처럼 하늘의 힘으로 지기의 몸이 말끔해지기를 염원하며….

그의 염원에도 불구하고 사천은 눈을 감고 말았다. 1751년 5월 29일의 일이다. 〈승정원일기〉에 따르면 그가 사망하기 사흘 전까지 한양에 장맛비가 내리고 있었다고 하니, 겸재의 이 그림은 장마 중 비가 잠시 그친 풍경을 그렸거나 장마가 물러나고 난 직후 인왕산 모습을 그린 것에 틀림없다.

혹자는 그림 속 작은 폭포들과 안개가 상상이라며 이 그림이 진경산수眞景山水라는 데 의문을 던지기도 하지만, 큰비 내리거나 내린 후 산을 지켜본 사람이라면 길을 잃은 빗물이 작은 폭포를 이루며 여기저기서 쏟아져 내리는 광경을, 미처 걷히지 못한 비구름이 산허리를 안개처럼 두르고 있는 풍경을 목격한 적이 있었을 것이다. 진경산수라는 것도 그 자리에서 보며 그린 것보다는 보고 온 후 기억을 더듬어 그린 것이 대부분일 터이니, 이 그림을 두고 진경眞景 여부를 논하기보다는 이 그림에 담긴 겸재의 심경을 헤아려볼 일이다.

그즈음의 겸재도 노경에 이르러 있었다. 환갑의 나이에 이르기도 어려운 시대에 '고래古來로 드문 나이'라는 고희古稀를 절반도 더 넘겼으니, 하늘의 명이 있으면 군말 없이 떨치고 나서야 할 터였다. 그러니 이 그림에는 사천의 회복을 바라는 의미뿐 아니라, 자신의 노구老軀 또한 기운생동氣運生動하기를 바라는 마음이 담겨 있었던 건 아닐까.

내가 떠나보낸 것도, 떠나온 것도 아닌데 청춘은 아득히 멀어지고, 당시 겸재의 나이에 가까워지고 있는 이즈음의 내 몸은 눈에 띄게 기운이 떨어져 간다. 인왕제색도처럼, 비 갠 후 저 청신한 검단산처럼 내 몸에서도 다시금 기운이 생동하기를 바란다면 노추일까.

역진화逆進化

반지들을 진열대 위에 올려놓았다. 보석점 여주인이 잠시 내 눈치를 살피더니 한두 개쯤은 지니고 있는 게 좋지 않겠냐고 했다. 모임 같은 데 갈 때 필요하지 않겠냐는 것이었다. 과시용으로 남겨두라는 얘기다. 나는 대답 대신 내 발을 들어 보였다. 이렇게 밑창 두껍고 뭉툭한 신발을 신고 보석 반지를 낀들 폼이 나겠냐고, 밍크코트 입고 버스 타는 거나 같을 거라 했더니 그녀가 소리 내어 웃었다.

손가락이 조이는 듯 답답해서 반지 끼는 것을 좋아하지 않는 편이다. 그런데 어찌하다 보니 반지들이 제법 생겼다. 결혼 예물로 받은 것들에다 패물을 좋아하는 어머니가 짬짬이 장만해 준 것들이 모여 그리된 것이다. 평소 귀걸이와 목걸이는 즐겨 하면서도 반지만큼은 홀대했다. 그러다 보니 반지들은 제집 속에 얌전히 들어앉아 있거나 보석함 속에서 이리저리 굴러다니기 일쑤였다. 그럴 바에야 차라리 좋아하는 사람에게로 가 아낌을 받는 편이 낫겠다 싶어 처리하기로 마음먹었으나 차일피일 미루다가 오늘에야 실행에 옮기게 되었다.

어머니는 장신구에 관심이 많았다. 하지만 신여성처럼 세련된 용모에도 불구하고 당신 몸에 치장하는 것을 꺼려했다. 시대적인 탓도 있었겠지만, 그보다는 웃어른들 눈치가 보여서였을 것이다. 대신 어머니는 애꿎은 나를 꾸며 놓고 대리만족을 하였다. 늘 내 머리에 큼지막한 리본 장식을 얹고 귀걸이, 때로는 목걸이까지 해 유치원에 보냈다. 그런 내가 부러웠던 여자아이들은 유치원 졸업사진을 촬영하던 날 모두 내 귀걸이와 목걸이를 빌려 달고 사진을 찍어, 졸업 앨범에 진풍경을 연출해 내기도 했다.

그 습성이 몸에 배어서인지 중년의 나이까지도 귀걸이를 애용했다. 목걸이도 그런 편이었다. 하지만 언제부터인지 몸에 걸치는 모든 것들이 버겁게 느껴지기 시작했다. 옷도 가방도 가벼운 것이 좋고 신발도 낮고 편하고 부드러운 것이 좋아졌다. 머리도 짧게 잘랐다. 그뿐 아니다. 마트도 대형보다는 동선이 짧은 동네 슈퍼를 애용하게 되었고 이리저리 한눈팔지 않고 필요한 것만 챙겨 나오곤 한다. 드라마도 갈등이 많은 것을 피해 편안하고 즐거운 것으로 골라서 본다.

장신구도 내려놓았다. 먼저는 귀걸이, 다음으로는 목걸이를 내쳤다. 브로치, 그것만큼은 아직 내려놓지 못하고 있다. 포인트 하나쯤은 남기고 싶은, 여자로서의 마지막 자존심 같은 것이다. 장신구는 용모를 돋보이게 하려는 것이어서 나이 든 여자에게서는 그 미적 소임을 다할 수가 없다. 효과가 없을 바에야 굳이 매달고 다닐 필요가 있겠는가.

용모가 더 이상 받쳐주지 못해 장신구를 내려놓았듯이 가벼운 옷이나 가방을 선호하고, 편한 신발을 찾고, 규모가 큰 매장을 기피하는 것은 사실 근력이 떨어지고 체력이 달리기 때문이다. 갈등이 많은 드라마를 피하고 해피엔딩을 좋아하는 것도 어쩌면 기능이 떨어져 가는 심장에 부담을 줄이고 싶은 것일지도 모른다. 욕심을 내려놓아서가 아니라 몸에 순응하고 있을 뿐이다.

언젠가 어머니께서 일본인 선생 이야기를 하신 적이 있다. 초등학교 때 지리 선생이었던 그분은 미래의 인간은 손가락 중에서 검지만 길고 튼튼하게 진화할 것이라 했다 한다. 버튼 하나만 누르면 모든 것이 해결되는 기계 만능의 시대가 올 테니 검지만 발달을 할 것이라는 얘기였다. 그 선생의 예언대로 검지만 길어지는 진화는 일어나지 않았지만, 팔십여 년 전에 오늘의 상황을 예측했다는 것이 놀라웠다.

진화란 좀 더 나은 것으로 나아가는, 말하자면 발전을 의미한다. 그 반대의 단어는 퇴화가 되겠다. 모든 기관이 쇠해지는 늙음은 생물학적인 측면에서 보면 퇴화다.

인문학자 도정일과 자연과학자 최재천의 인터뷰 모음집 《대담》 중에 '행복약'에 대한 이야기가 나온다.

> 항우울제, 즉 행복 약은 삼불三不불안, 불쾌, 불만을 없애 준다. 우울증은 분명 병이지만 우울함을 느끼는 감정도 중요한 진화의 산물이다. 늑대가 와서 아이를 물어갔는데 부모가 웃고 있다면 어찌 되겠는가? 행복 약이 확산되면 응급실 환자가 늘어날 것이다. 우울증이 없어지면 사람들이 조심성이 없어지거나 너무 용감해지기 때문이다. 우울증은 인간의 본성 가운데 하나이다. 공포에 적응하려는 본성, 나쁜 일이 다시 일어나지 않도록 환경에 적응하는 과정에서 생기는 아주 자연스러운 현상이다. 우울해질 수 있다는 것은 굉장한 능력이다.

우울함을 느끼는 감정이 중요한 진화의 산물이라면 나이 듦은 이 우울증과 같은 것인지도 모르겠다. 나이를 망각하고 경거망동할까 봐 몸이 진화를 하는 것이라는 생각이 든다. 몸이 진화하면 그에 맞추어 마음도 진화하고, 그렇게 몸과 마음이 서로에게 부응하며 진화에 진화를 거듭함으로써 불상사를 예방하고 무無 돌아가는 길을 수월하게 열어 주는 것 아닐까.

'소사보진少思保眞(생각을 적게 하여 참다움을 보전하라)'

식탁 위 벽에 붙여 놓은 글귀다. 나를 꾸몄던 것들을 내려놓고, 그로 인해 얽히고설켰던 생각들을 걷어내어 본래의 나에 가까워지고. 그렇게 오늘도 나는 몸과 마음이 진화에 진화를 거듭하고 있다. 아니, 진화하고 있다고 나를 달래고 있다.

손톱 깎기

탁자 위에 A4용지만 한 종이를 펼쳐 놓는다. 십수 년간 사용해 손에 익은 손톱깎이를 꺼내 손톱을 깎는다.

"톡, 톡."

경쾌한 소리와 함께 방금까지 내 신체의 일부였던 손톱 끝자락이 떨어져 나간다.

잘린 손톱의 향방은 럭비공처럼 예측 불허다. 대부분은 종이 경계 안에 머물지만 더러는 손톱깎이 날 안에 남아 있기도 하고, 경계를 벗어나 엉뚱한 곳으로 튀어 나가기도 한다. 아무리 손에 익은 도구라도 예외 없다.

손톱 깎기를 마치고, 흩어져 있던 손톱 부스러기들을 그러모은다. 종이 밖으로 튕겨 나간 것들도 꼼꼼히 찾아내 합류시킨 다음 쓰레기통에 버린다. 내 신체의 일부였지만 유기遺棄했다는 느낌은 들지 않는다.

다음 날, 탁자 위를 걸레로 훔치기 위해 놓인 물건들을 들어내자 손톱 부스러기 두 개가 '까꿍'하고 모습을 드러낸다. 도대체 어떻게 저 틈새기로 들어갔던 걸까? 내 딴에는 완벽하게 색출해냈다 생각했는데, 완벽하게 숨은 것이었다. 저것들에게 생각이라는 게 있다면 아마도 지금 낭패의 표정을 짓고 있으리라.

내 입에서 떨어져 나온 말들을 생각한다. 예상 범위 안에 머물리라 생각했던 말의 부스러기들이 엉뚱한 곳에서, 엉뚱한 의미로 탈바꿈하여 나타날 때의 당혹감이라니!

말을 뱉는 일은 손톱을 깎는 일과 같다.

말은 유기물遺棄物이다.

나의 글쓰기

와장창, 현관 유리창을 깨뜨리고 싶었다. 속이 후련해질 것 같았다. 오른손에 신발 한 짝을 집어 들었다. 힘껏 던지려는 순간, 유리창이 깨어지면서 사방팔방으로 튀어나갈 날카로운 유리 파편들이 머릿속에서 어른거렸다. 두려움이 엄습해왔다. 신발을 거머쥔 손이 맥없이 떨어졌다. 이틀이 멀다 하고 벌어지는 부모님의 싸움. 안방에서는 여전히 심하게 다투는 소리가 들려왔다. 신발을 제자리에 돌려놓으며 나는 조금 전의 폭력적인 '나'를 가슴 깊숙이 밀어 넣었다.

출입문 열리는 소리에 가슴이 덜컥 내려앉았다. 손님이 아픈 증상을 넋두리했다. 나는 최대한 걱정스러운 표정을 지으며 그의 이야기를 경청했다. 아니, 경청하는 척했다. 이럴 때 노련한 약사 같았으면 매끈한 말솜씨로 건강 보조 의약품을 끼워 팔았을 것이다. 그것도 최대한 이윤이 많이 남는 제품으로. 조제약 봉투를 건네며 슬쩍 건강 보조약을 권해보았다. 하지만 손님은 약 봉투만 받아 쥐고 돌아섰다. 민망했다. 내키지 않은 마음에 주변머리까지 없으니 당연한 결과였다. 약국 문을 닫아걸고 싶었다. 아니, 저 문을 밀치고 나가 훨훨 날아가고 싶었다. 월말에 결제해야 할 금액들이 꼬리를 물고 눈앞을 스쳐 지나갔다. 퍼덕거리는 '나'를 붙잡아 내 안에 욱여넣었다.

'나' 안에는 그렇게 욱여넣어 둔 무수히 많은 날것의 '나'와, 그 '나'들이 감각하고 경험했던 것들이 숨어 살고 있다. 그 사이사이 선천적 감수성과, 습득 혹은 학습된 언어와 지식들이 더부살이를 하고 있기도 하다. 글을 쓴다는 것은 어쩌면 내 안 갈피갈피에 숨어 살고 있는 그것들을 끌어내 문자화하는 것이 아닌가 싶다.

그것들을 컴퓨터 화면으로 끌어내기까지는 적지 않은 시간이 소요된다. 부정확하고 부스러기처럼 존재하는 기억들을 찾아내 맥락이 같은 그 밖의 동거자들과 조합, 조화시키는 과정이 만만치 않기 때문이다. 그렇게 오랜 시간 머릿속에서 공글리다 보면 그들 스스로 질서를 찾아가며 얼개를 형성한다. 내 안에서 치고 나올 준비가 된 것이다. 이제 치고 나오는 그들을 받아 적으면 된다. 묵히고 공글리는 과정 없이 번뜩이는 순간 생각의 파편만으로 글을 쓰려하면, 아니 지어내려 하면 진도도 나가지 않을뿐더러 부자연스럽거나 어설퍼진다.

그렇게 받아쓰기가 끝나고 나면 정제의 과정에 들어간다. 모자란 부분을 보태고 부적합한 것들을 솎아내거나 교체한다. 저들 나름 질서를 잡았다고는 하지만 문자화하고 보면 어색한 부분이 있기 마련이다.

영문학자이자 문학 평론가인 권택영은 《생각의 속임수》에서 "언어는 몸의 기억과 만물을 정확하게 재현하지 못한다. 사물은 언어를 넘어 무한히 변모하고 흐르지만, 언어는 내가 유한한 만큼 불완전하다. 그것 역시 내 경험(기억)의 산물이기 때문이다. 나는 내 경험의 귀로 듣고 내 경험의 혀로 말한다."고 하였다. 그의 말처럼 내 글을 정제한다고는 했지만 내 언어에는 한계가 있다. 내가 습득한 언어의 범주를 벗어나기 힘들기 때문이다. 지난해 두 번째 수필집을 발간하면서 책머리에 '장대높이뛰기 선수가 장대를 버리듯 말을 버려 말을 넘어서고 싶다'고 했었다. 그럼에도 여전히 나는 내 언어의 한계를 넘어서지 못하고 있다.

언젠가 방안에서 본 바깥 풍경이 너무 아름다워 사진을 찍은 적이 있다. 그런데 찍힌 사진을 보니 그 풍경 위로 창문 방충망의 촘촘한 올과 어지럽게 얽힌 전선줄이 보였다. 필요한 것만 보려는 내 마음이 내 눈을 속인 것이다. 권택영은 같은 책에서 "내가 본 것, 기억하는 모든 것, 그리고 내가 생각하는 것들도 이처럼 속임수를 품고 있다. 눈은 순간마다 보이는 것만 보기 때문이다. 내 마음은 어떨까? 눈처럼 보이는 것만 볼까? 아니다. 마음은 다른 방식으로 진실을 은폐한다."고 했다. 내가 찍은 사진처럼 내가 쓴 글들도 그렇듯 속임수를 품고 있다. 내 마음이 원하는 대로 내게 보이는 것, 내가 보고 싶은 것만 표현했기 때문이다. '경험이 다르면 기억이 다르고, 기억이 다르면 인지와 판단이 다르다. 경험이 다른 나와 너를 이어주는 것은 언어인데 그 유일한 수단은 몸의 경험만큼 정확하지 않'기에 나는 아무에게도 수필 쓰는 법을 설파하거나 조언을 해줄 수가 없다. 다만 내 안에서 넘칠 듯 쏟아져 나온 것들을 정제하듯이, 내 언어와 사고의 한계 안에서 부적절하다고 생각되는 부분만 짚어줄 수 있을 뿐이다.

오늘도 나는 내 안의 수많은 '나'와 더부살이하고 있는 것들을 공글리며 굼뜬 걸음을 옮기고 있다.

창조적 광기

운명

대속代贖

침묵

프로메테우스와 시시포스

나는 욕망을 욕망했을까?

기도의 밀도

존엄할 권리

창조적 광기

-달리 컬렉션을 관람하고-

가끔, 글을 쓰다가 상념에 빠져들 때가 있다. 어떤 소재가 불러일으키는 연상 작용 때문이다. 그런데 끝말잇기처럼 꼬리에 꼬리를 물고 이어지는 기억이나 상상들을 좇아가다 보면, 종국에는 발단이 되었던 소재와는 전혀 상관이 없는 엉뚱한 생각에 이르러 있어 다시 그 뿌리를 거슬러 올라가느라 애를 먹곤 한다.

꿈 역시 그러하다. 평소 마음에 품고 있던 생각이나 무의식 속에 잠재해 있던 욕망의 표출이라는 학술적 정의에도 불구하고, 어떤 꿈들은 너무 허무맹랑하여 황당하기까지 하다. 하지만 그 허무맹랑해 보이는 꿈도 기억의 부스러기를 찾아 더듬어 가다보면 아주 익숙한 것과 마주치게 될는지도 모를 일이다. 그렇게 보면 꿈의 해석이라는 것도 결국은 기억을 찾아 떠나는 여행에 다름 아닌 것 아닐까.

살바도르 달리. 20세기를 대표하는 초현실주의의 대가. 정신분석학자 프로이트의 이론에 충실했던, 그래서 일상의 삶마저 몽상과 환상의 세계에 송두리째 헌납하고 말았던 천재 화가. 하지만 유감스럽게도 그의 이름은 내겐 늘 그 생경했던 꿈처럼 황당무계한 이미지로 다가오곤 했다. 두서없고 체계도 없고 주제도 없어 비합리적으로 보이는, 때로는 광기 어리고 괴기하기조차 한 이미지들은 마치 15세기 화가 보쉬의 작품을 보는 듯 공포와 전율을 불러일으켰다. 그러나 보쉬의 그림이 보편적 인간의 욕망과 그로 인해 빚어지는 윤리적, 도덕적 죄악을 성서에 의거해 표현한 것이어서 비교적 이해하기 쉬운 편이라면, 달리의 것은 인간의 내면에 잠재해 있는 지극히 개인적인 욕망 또는 환상을 그만의 독특한 방식으로 표현한 것이어서 난해한 느낌을 준다. 달리는 스스로 그런 그의 표현 양식을 '편집증적 비판적 방법'이라 이름 지었고, 비평가들 역시 그 용어를 즐겨 사용했지만, 문외한인 내게는 어렵고 모호하기만 했다. 게다가 '자기중심적 테두리를 벗어나지 못하는 기억이나 환상, 혹은 꿈의 나열이 과연 미적 예술적 가치를 가질 수 있는 것일까?' 하는 의구심마저 들어 그의 작품은 내겐 그저 경원의 대상에 머물러 있을 뿐이었다.

올해는 그 달리가 태어난 지 백 년이 되는 해이다. 그의 작품들은 "우리 시대의 정신적, 상상적, 도덕적 허기를 일백 년

동안 잠재워 버리겠다."던 그의 장담대로 세기를 넘어서까지 문화예술계를 요동치게 해 놓았지만, 그는 정작 한 세기를 넘어서지 못하고 84세가 되던 해인 1989년 정월에 생을 마감하고 말았다. 그는 가고 없지만, 그의 백 번째 생일을 기념하며 올 한 해 세계는 그의 예술세계를 회고하는 행사들로 부산했다. 그만큼 그가 현대미술에, 아니 문화예술계 전반에 미친 영향이 컸다는 얘기리라.

그런 행사들 중의 하나로 우리나라에서도 스트라튼 재단이 주관한 〈달리 탄생 백주년 기념전, 달리 컬렉션〉이 예술의 전당에서 열렸다. 그러나 전시회장을 향하는 내 마음은 무겁고 착잡했다. 과연 이번에는 그의 작품을 얼마만큼 이해하고 공감할 수 있을까? 광기 같은 열정으로 일관한 일생, "내가 바로 초현실주의 그 자체다."라고 오만한 선언을 할 만큼 나르키소스적 영혼의 소유자, 그로 인해 같은 초현실주의 화가들에게서조차 배척당할 만큼 자유분방하고 기상천외한 그의 세계를 나는 과연 얼마만큼 좇아갈 수 있을 것인가?

그러나 조각, 유리공예, 가구, 패션 등 회화 외적인 작품 위주로 꾸며진 전시장을 한 바퀴 둘러보면서 나는 다시 한번 아연해지고 말았다. 인간의 눈이란 얼마나 변덕스러운 것인가? 몽환적이어서 신비한 면도 없는 것은 아니었지만 대부분 괴이하고 때로는 일그러져 혐오스럽게 보이기조차 하던 그의 그림 속 소재들이, 화폭을 벗어나자 완벽한 균형과 조화를 이루며 아름답게 빛나고 있는 게 아닌가! 오벨리스크를 등에 진, 가늘고 긴 다리를 가진 코끼리, 늘어진 시계, 서랍이 달린 미로의 비너스, 기린의 목, 혹은 장미 다발로 된 머리를 가진 여인 등, 대부분 그의 그림 속에 등장했던 대상들을 재현시킨 조각품들은 초고속 변화의 시대인 지금에도 진부함을 느끼지 못할 만큼 참신한 조형미를 보여주고 있었다. 뿐만 아니라 복잡한 구성 속에서는 모호해 보이던 소재들이 독립된 존재로 입체감을 가지자, 보다 명확한 이미지를 전달해주었다. 이런 참신성은 과연 어디서 오는 것일까?

그의 자서전의 한 대목을 떠올려 본다.

"나는 일생동안 내가 접하는 인간들, 세상을 가득 메우고 있는 인간들이 보여주는 혼란스러운 '정상성'에 익숙해지는 것이 몹시 어려웠다. 내 생각에는 있을 만한 일들이 절대로 생기지 않는 것도 의문이었다. (…) 늘 똑같은 짓을 하고 또 하는 인간의 맹목적 습성은 나를 경악하게 한다."

그가 상투적이고 획일적인 사고에 얼마나 큰 혐오감을 가지고 있었는지 알 수 있는 대목이다. 그의 작품의 참신성은 이렇듯 정상의 틀에 사고를 안주시키기를 거부한 데서 오지 않았나 싶다.

이런 정상성의 파괴로 탄생된 것이 그 유명한 흐늘거리는 시계다. 현실의 한계를 벗어난, 꿈과 무의식의 세계에서 시계는 더 이상 엄격하고 완고한 모습일 필요는 없었다. 〈시간의 단면〉에서의 늘어져 마치 인간의 옆얼굴 형태처럼 변형된 시계는 바로 이런 시간의 한계를 초월하는 기억의 영속성을 표현하고자 함이 아니었을까?

그렇다고 시간이라는 것이 인간에 의해 지배를 당하는 것은 결코 아니다. 흐늘거리는 시계가 왕관을 쓰고 나무와 인간과 천사 위에 군림하고 있는 〈시간의 숭고〉는 시간의 카리스마적인 모습을 보여준다. 현실 세계에서의 시간은 그렇게 만물과 역사를 주도하는, 신까지도 어찌해볼 수 없는 권위적인 존재인 것이다.

이런 시간의 이중성을 가장 잘 함축하고 있는 작품이 〈달팽이와 천사〉가 아닌가 한다. 그는 무한 속력을 가진 천사를 가장 느린 템포의 달팽이 위에 내려앉게 함으로써 현실과 상상, 두 세계에서의 이율배반적인 시간의 흐름을 보여주고자 한다. 실제로 그는 시간의 속박으로부터 자유로울 수 없는 현실 세계에 심한 초조감과 갈등을 느끼고 있었던 것 같다. 안온한 자궁 속 태아의 상태로 되돌아가거나 완숙한 늙음으로 건너뛰고 싶은 욕망에 끊임없이 시달리는, 현실에 대한 신경불안증을 앓고 있었다. 어쩌면 실현 불가능한 그 같은 욕구가 그를 더욱더 상상이나 무의식의 세계에 집착하게 했던 것인지도 모르겠다.

그런 불안에서 등장하게 되는 것이 그의 심벌처럼 되어버린, 머리가 둘로 갈라진 지팡이이다. 처음 꼬리가 둘로 갈라진 도마뱀에서 출발한, 두 갈래로 갈라진 것들에 대한 철학적 호기심은 목발의 이미지로 전환되고, 다시 지팡이가 되어 '평생 성장하고 지탱하는 데 쓰이는 그 어떤 것'의 상징으로 자리 잡게 된다. 실제로 〈기린 여인〉이나 〈장미 머리의 여인〉 등에서 지팡이는 불균형한 그들의 신체나 자세를 안정시키는 데 중요한 몫을 하고 있다. 그는 천사에게까지 그 지팡이를 손에 쥐여주거나 날개를 지탱하는 받침대로 쓰이게 함으로써 존재하는 모든 것들의 불완전성을 표현하고자 한다.

달리의 작품이 시대를 초월하여 신선한 감각을 유지할 수 있었던 또 다른 이유는 근간을 전통에 두고 추상이 아닌, 구상의 기법을 사용했기 때문이 아닌가 한다. 그는 "나의 변신은 전통이다. 왜냐하면 전통이란 바로 변화이고 또 다른 껍질의 재창조이기 때문이다."라는 역설적인 발언을 한다. 가장 고전적인 것이 가장 현대적일 수 있음을 간파한 예리한 통찰력이 아닐 수 없다.

인상파, 점묘파, 입체파 등을 두루 섭렵한 그는 일찌감치 프로이트의 정신분석학에 이론의 근간을 두고 있는 초현실주의에 합류한다. 그러나 그는 곧 단순히 꿈이나 무의식의 세계를 나열하는 데 그친 자동기술법에서 탈피하여 고전을 초현실주의적 기법으로 재해석하는 작업에 열중하게 된다. 바로크, 르네상스 시대의 작품, 나아가서는 그리스, 로마 시대의 작품들을 그의 환상의 세계로 끌어들이는 시도를 한 것이다. 사람의 발과 손을 받침대로 한 가구 '레다 테이블'의 아이디어도 17세기 화가 베르메르를 등장시킨 그의 회화작품 〈테이블로 사용되는 베르메르의 망령〉에서 비롯되었으며, 〈기린 여인〉, 〈서랍이 달린 미로의 비너스〉, 〈우주 비너스〉 등도 미로의 비너스를 정신분석학적 해석으로 재창조해낸 것이어서 현대적인 것에 식상한 현대인들에게 초현대적인 즐거움을 맛보게 해준다.

그의 작품 세계에서 중요한 몫을 차지하고 있는 것으로 에로티시즘을 빼놓을 수 없을 것이다. 프로이트에 의하면 예술작품의 창작 과정에 있어 중요한 역할을 하고 있는 것이 성적 충동이라고 한다. 논란의 여지가 있는 이 학설이 달리의 작품 세계에서 만큼 확실히 입증된 예도 없지 싶다. 그의 고백에 의하면 어린 시절부터 그는 늘 성적 충동에 사로잡혀 있었던 것 같다. 그러나 그의 성적 쾌락은 다분히 몽상적이고 관음적이며 나르키소스적이다. 파리의 사창가를 순례한 그의 행위를 살펴보아도 그렇다. 그의 에로티시즘은 반드시 가장 신비로운 한편 가장 추악한 곳에서 우아한 여인과 함께이어야만 했다.

그런 그의 관음적 에로티시즘을 표현한 것이 인체를 서랍화한 작품들이다. 서랍은 무언가를 저장해두는 곳이다. 그는 신체의 각 부위를 그런 서랍으로 변형시켜 놓음으로써 인간의 내면에 존재하고 있는 것들을 들여다볼 수 있는 은밀한 즐거움을 제공한다. 그러나 대상이 주로 비너스 혹은 여체이고, 서랍이 머리나 가슴에 국한되어 있지 않은 점으로 미루어 볼 때 그 작품들은 보다 성적 은유가 깊은 것이 아닌가 하는 생각도 든다. "조각가로서의 나의 첫 경험은 나에게 은밀하고 달콤한, 에로틱한 즐거움을 가져다주었다."는 그의 말을 돌이켜보면 그런 추측이 보다 확실해진다. 당시 관능적인 몸매와 외설적 익살로 유명했던 미국의 여배우 '매 웨스트'의 입술 이미지로 만든 소파라든가, S자 모양을 한 2인용 소파 '달리와 갈라의 소파'도 에로티시즘에서 비롯된 그다운 기발한 상상력의 산물이라 하겠다.

그의 상상력을 또 다른 방식으로 마음껏 펼쳐 보인 문학작품의 삽화들- 단테의 〈신곡〉, 밀튼의 〈실락원〉, 오비디우스의 〈사랑의 기술〉 등 -과 동판화들을 둘러보고 다시 발길을 돌려 한 작품 앞에서 걸음을 멈추었다. 〈우주비너스〉라는, 검은빛이 도는 청동 조각품이다. 달리는 이 비너스의 토르소 안에 그의 모든 사고를 함축시켜 놓은 듯했다. 얼굴 없는 목에 걸린 늘어진 시계, 배 위를 기어가는 두 마리의 개미, 상반신과 하반신이 나뉘어 엇갈린 바로 그 지점에 놓인 금빛 달걀. 시계는 목숨의 한계성과 기억의 영속성을, 그리고 그의 기억 속에 곤충의 살을 뜯어먹고 빈 껍질만을 남겨놓곤 하던 개미는 육신의 덧없음을, 둘로 나뉜 신체는 에로틱한 서랍의 의미를, 금빛 찬란한 달걀은 음양의 논리와 생명의 숭고함을 상징하며 우주의 생성과 소멸의 신비를 이야기해주고 있는 것 같았다.

지독히도 자기중심적이고 오만한 예술관을 가졌던 달리. 그러나 평소 성게나 게처럼 연약하기 이를 데 없는 살덩이를 단단한 껍질로 감싸고 있는 갑각류에 열광하던 점으로 미루어보면, 돌발적이고 공격적인, 혹은 광기 어린 그의 행동들은 어쩌면 실은 너무나 예민하고 섬세해서 상처 입기 쉬운 감성을, 또는 고독이나 공포를 감추기 위함이 아니었을까.

그런 그에게 구원의 여인으로 등장한 것이 '갈라'였다. 시인 '폴 엘뤼아르'의 아내이자 화가 '막스 에른스트'의 공공연한 연인이기도 했던 갈라는 도덕성과는 거리가 먼 여인이었다. 그런 여인이 모든 것을 버리고 달리를 택해 평생 내조한 것을 보면, 천재적 재능을 감지하는 탁월한 감각과 통찰력이 있었던 것 같다. 자칫 정신분열증으로 치달을 수도 있었던 달리의 상상력을 창조로 승화시켰던 여인. 비정상적인 그의 사고를 정상으로 끌어내리거나, 철저한 그의 에고이즘을 집단에 융화시키려 하지 않고 독특한 개성으로 발전시켰던 갈라는, 분명 그에게 있어 부모와의 절연을 감수하고서까지 선택할 만한 운명의 여인이었고 뮤즈였다.

우려했던 바와는 다르게 달리의 세계에 좀 더 가까이 다가갈 수 있었다는 뿌듯함 대신에 다른 한 생각이 전시장을 나서는 내 발걸음을 다시 무겁게 한다. 정상正常의 틀 안에 안주하고 무리에 섞여 안도하는 안이한 사고로 좋은 글이 나오기를 기대하는 나는 얼마나 어리석은가?

그의 말을 떠올려 본다.

"나는 마약을 좋아하지 않는다. 내가 마약 그 자체다."

광기 같은 열정도, 갈라처럼 창조적 광기를 감지해내는 혜안도 없으면서 주어진 삶마저 치열하게 살지 못하고 있는 부끄러움에 8월의 햇살이 한층 뜨겁게 느껴졌다.

【참고】

살바도르 달리: Salvador Dali 1904~1989. 스페인 카탈루냐 북부 지방 피게라스 태생 초현실주의 화가. 조각, 영화, 가구, 광고, 보석 디자인, 향수 제조에 이르기까지 전방위적인 예술 활동을 함

프로이트: Sigmund Freud 1856~1939. 오스트리아 출신의 의사, 정신의학가, 철학가, 사회비평가, 심리학자, 정신분석학의 창시자

보쉬: Hieronymus Bosch 1450~1516. 플랑드르(현재의 네델란드)의 화가. 제롬 보쉬라고도 함. 종교적 비유를 통한 환상적 세계를 묘사. 대표작 〈광인의 배〉, 〈쾌락의 동산〉

미로의 비너스: 티그로스제 섬의 미로(Milo) 섬에서 1820년 한 농부에 의해서 발견된 비너스 상. 기원 전 2세기 경 헬레니즘 시대에 속한 형태라 생각됨.

베르메르: Jan Vermeer Van Delft 1623~1675. 네델란드 태생 화가 전형적인 네델란드 가옥의 실내에 서 있는 단순한 인물들을 부드러운 빛과 색깔의 조화로 정밀감 넘치게 묘사

단테: Alighieri Dante 1265~1321. 이탈리아 피렌체 태생의 시인

밀튼: Jhon Milton 1608 ~ 1674. 영국 출신의 시인

오비디우스: 고대 로마의 시인.

갈라: Gala Eluard Dali 1893 ~ 1982. 러시아 출생. 시인 폴 엘뤼아르의 부인이었으나 1929년 달리와 결혼. 89세로 사망하기까지 달리의 수호천사가 됨

폴 엘뤼아르: Paul Eluard 1895 ~ 1952. 프랑스 출신 초현실주의 시인

막스 에른스트: Max Ernst 1891 ~ 1976. 독일 출신 초현실주의 화가

운명

-까미유 끌로델의 독백-

당신, 누구신가요? 왜 그런 눈빛으로 저를 보시지요? 저를 아시나요?

그런데 그 눈빛, 참 낯이 익네요. 그런 낯익은 눈빛으로 저를 바라보는 당신은, 도대체 누구신지요.

누구시라고요? 오귀스트 로댕? 로댕, 로댕…. 댕, 댕, …. 아아, 생각나요, 종소리처럼 입안에서 뱅뱅 맴돌다 머릿속을 갈피갈피 헤집고 사라지던 그 마지막 한 자의 울림이. '댕…', 아니, 아니요. 그건 '엥'이었나 봐요. '엥…, 제엥'

알 수 없는 어떤 힘이 저의 발길을 이끌었던 그곳, 숲속 한적한 자리에 바위 '제엥'이 있었지요. 갈급한 듯 입을 쩍 벌리고 있는 모습을 본 순간 저는 그 자리에 얼어붙듯 서고 말았어요. 마치 오랫동안 나를 기다리고 있었다는 듯, 고통스런 몸짓으로 내게 무언가를 간절하게 호소하고 있는 그 바위와 마주했던 그때, 내 가슴은 마구 뛰었어요. 그리고 내 삶의 수레바퀴는 한 곳을 향해 질주하기 시작했지요. 내 나이 열세 살 되던 해였어요.

그 바위 속에서 아우성치고 있는 '무엇'을 끄집어내어 보고 싶었어요. 그 '무엇'이 도대체 무엇인지 알고 싶은 욕구가 내 안에서 꿈틀거렸어요.

진흙을 치대고 또 치댔어요. 차지고 매끄러운 그 흙으로 '제엥'을 만들었지요. 나를 숲으로 이끌었던 알 수 없는 그 힘이 내 손끝에 실린 듯, 정신없이 흙을 주물렀어요.

마침내 나의 '제엥'이 탄생되었어요. 그 '제엥'을 바라보는 순간 저는 알았지요. 그 기괴한 바위 안에서 요동치고 있었던, 내가 그토록 알고 싶어 했던 그 '무엇'이 무엇이었는지를. 그것은 다름 아닌 '생명'이었어요. 무생물이라 여겼던 바윗덩어리도 실은 살아 숨 쉬고 있는 하나의 생명체였죠. 그리고 깨달았지요. 내가 앞으로 해야 할 일은 그것들을 밖으로 끌어내어 숨을 쉬게 해주는 것임을.

가족과의 씨름이 시작되었어요. 아니, 어머니와의 싸움이라고 해야 옳을 것 같네요. 내가 태어나기 한 해 전, 생후 2주 만에 첫 아이- 제겐 오라버니가 되지요 -를 잃고 애통함에서 헤어나지 못하고 있던 어머니는 나의 탄생을 달가워하지 않았다고 하더군요. 그나마 아들이기를 간절히 바랐는데 그마저 이루어지지 않았으니 저는 태생부터 어머니의 미움의 대상이었던 셈이지요.

하지만 아버지는 달랐어요. 저의 탄생을 기뻐하셨고 저를 무척 사랑해주셨어요. 그것이 어머니를 더 못마땅하게 했던가 봐요. 어머니는 내 몫의 사랑까지 여동생 루이즈에게 쏟아부으며 날이 갈수록 내게 냉랭해져만 갔어요. 영리한 나는 내 살길이 곧 아버지임을 알았지요. 아버지는 저를 자랑스러워하셨고 제가 하는 일은 무엇이든 이해해 주셨거든요. 어쩌면 연민과 미안함도 한몫했을 겁니다. 제가 소아마비를 앓아 다리를 좀 절었거든요.

어머니는 진흙더미를 집안으로 끌어들이려는 나를 한사코 막았어요. 하지만 어머니에게 뺨을 얻어맞으면서도 저는 고집을 꺾지 않았지요. 결국 아버지가 나서서 문제를 해결해 주었지만, 그 일로 저에 대한 어머니의 증오심은 불타올랐던 것 같아요. 그 증오심은 아버지가 어머니와 동생들에게 조각 공부를 하러 떠나는 저를 따라 파리로 갈 것을 강요하면서 극에 달했지요. 원치 않게 정든 고향을 떠나야만 했으니 어머니의 증오심은 같은 여성으로서의 적대감으로까지 발전하게 된 것 같아요.

어머니의 자궁에 안착을 한 것이 제 의지가 아니었듯이 지금 이곳, 요양원- 사람들은 정신병원이라고 부르더군요 -에 위리안치된 것도 제 의지는 아니에요. 어머니의 결정이었지요. 어머니라는 한 여자에 의해 세상 밖으로 나와 그 여자에 의해 세상과 유리되었으니 저와 이 여자와의 만남을 무엇이라 해야 할까요.

제가 이곳에 있은 지 얼마나 되었냐고요? 글쎄요. 그날이 그날 같은 날들이라…. 아버지가 돌아가신 직후이니 얼추 삼십 년이 되어가나요. 오히려 편안하지 않냐고요? 그래요. 어쩌면 내 일생 중에서 요즘이 가장 평온한 날들인지도 모르지요. 음습한 아틀리에에서 돌덩어리, 진흙더미와 사투를 벌이던, 그들이 살아 숨 쉬지 않아 망치로 죄다 두들겨 부수곤 했던, 아! 그리고 누군가- 얼굴이 기억나진 않지만 제 열정을 다 바칠 만큼 멋진 남자였던 것 같아요 -에 대한 집착과 배신감으로 지옥 같았던 날들에서 벗어난 점에서 보자면 그렇다고 해야겠지요. 여기에선 내가 조각을 했던, 그것도 천부적인 소질을 가졌던 여자라는 것을 아무도 모른답니다. 해서 시기와 질투로부터도 자유롭지요.

그런데 말입니다. 시도 때도 없이 왜 이리 갈증이 나는 걸까요? 마치, 그래요, 내 안에 '제엥'이 들어앉아 있는 느낌이라고나 할까요. 예전에 내가 그랬듯이 누군가 내 안에서 꿈틀거리고 있는 것들을 끌어내 줄 수 없을까요. '안일'이 삶일 수는 없지요. '생명'은 '요동'이어야 해요. 인간 군상들. 내가 그토록 혐오한 인간들이지만, 그들 안에서 펄떡이고 있는 것들은, 설령 추악한 것일지라도 제게는 사랑스럽게만 보인답니다. 그것들이 저를 향해 아우성을 해요. 육신의 감옥에서 해방시켜 달라고.

남동생에게 하소연을 했지요. 그 애는 시인이 되었어요. '폴 클로델'이라고 제법 유명하답니다. 아버지를 제외하고는 이 세상에서 유일하게 나를 이해하고 사랑해 주었던 사람이지요. 그 아이는 내 갈증이 무엇인지 알고 있는 눈치였어요. 그런데도 묵묵부답이더군요. 사랑하는 누나가 또다시 지옥 같은 날들을 보낼까 봐 아니, 사람들에게 미치광이 취급을 당할까 봐 걱정이 되었던 것일까요. 아니면 그 애 역시 내 정신이 온전하지 못하다고 생각하고 있었던 것일까요. 나를 이곳에 묶어둔 어머니가 돌아가신 뒤였지만 제 갈증을 풀어줄 아무것도 제게 주어지지 않았어요. 이곳으로부터의 해방도, 돌 한 조각 진흙 한 줌 주무를 수 있는 자유도. 그렇게 십수 년이 또 흘러갔네요.

참, 당신 누구라고 했지요? 로댕이라고요? 맞아요. 그랬었지요. 그런데 왜, 갑자기 가슴이 이리 뛰지요? 당신의 눈빛 때문인가요.

그 남자를 처음 만난 순간에도 그랬어요. 처음 '제엥'과 마주했던 그날처럼 내 가슴은 두 방망이질 했지요. 그의 눈에서 용광로처럼 끓고 있는 열정을 보았어요. 아니, 활화산 같았다고 할까요. 한 번씩 폭발할 때마다 뜨거운 용암을 토해내는…. 또 하나의 저를 보는 듯했어요. 그날, 저는 망설임 없이 제 삶의 수레를 버렸습니다. 그 남자의 수레에 기꺼이 동승했지요.

꿈과 같은 날들이었습니다. 백 퍼센트 일치하는, 아니 그 이상이 되어 흘러넘치는 영감으로 우리 둘은 많은 작품을 함께 만들어냈어요. 행복했습니다. 그 행복한 일체감을 그는 〈입맞춤〉에 저는 〈왈츠〉에 담아냈지요. 그는 언제나 나에게 조언을 구했고 내 의견을 수용했어요. 단테와 보들레르로부터 영감을 받아 제작한 〈지옥의 문〉도 그렇게 시작이 되었지요. 우리는 예술에 관한 한 너무나 닮은꼴이었습니다. 그를 전혀 모르던 시절, 제가 빚은 작품을 보고 그에게 사사師事받지 않았느냐는 질문을 받은 적이 있었을 정도니까요.

우리 사이를 두고 사람들은 수군거렸지요. 스승과 제자가 아닌, 연인 사이라고요. 맞아요, 연인이었던 것. 스물네 해라는 나이 차를 의식하지 못했던 것은 그를 단지 사내로서가 아닌 예술인으로서 사랑했기 때문이지요. 동료이기도 했습니다. 그래서 세인들의 비웃음과, 조강지처 같은 그의 오랜 동거녀의 패악질도 참아낼 수 있었지요. 그만큼 저는 그와의 관계에 대한 믿음과 자부심이 있었지요.

그런데 말입니다. 그는 그렇지 않았나 봐요. 세상을 외면하지 못했어요. 저로 인해 이미 조각가로 대성하여 누리고 있던 명예와 부를 잃을 수도 있겠다는 불안감이 들었던 게지요.

우리들의 아지트 뇌부르그의 집과 이즐레뜨 성에서 귀를 나발처럼 열어놓고 그의 발소리를 기다렸어요. 단지 한 사람의 부재로도 세상이 적막해질 수 있다는 걸 비로소 알았지요. 버림받은 거냐고요? 버림은 쓸모가 없어진 것을 이름이지요. 장담컨대 그는 여전히, 그리고 충분히 저의 예술적 감성을 필요로 하고 있었어요. 그의 창작열이 가장 왕성했던 시기가 저와 함께했던 때였으니까요. 생동감 넘치던 그의 작품들에 섬세함과 육감성이 더해져 그 완벽함에 찬사가 쏟아지게 된 것도 저를 만난 덕분이라고 할 수 있지요. 해서 그건 배신이라고 해야 합니다. 너무나 진부한 이유로 그는 우리의, 아니, 예술을 배반한 겁니다. 제가 그에게 너무 집착했기 때문이 아니냐고요? 맞아요. 저 역시 그의 예술적 감각이 절실하게 필요했으니까요. 불안했습니다, 홀로서기가.

이딸리 거리 113번지에 작업실을 마련하였습니다. 곤궁했지요. 사람들은 제 작품을 인정하려 들지 않았어요. 표절이라나요? 그의 그늘이 너무 깊었던 거지요. 그는, 내가 그토록 열정을 바쳐 사랑했던 그는 또 다른 배신으로 저를 비참하게 했습니다. 저에게 경제적인 도움은 주면서 교묘하게 작업을 방해하는 이중성을 보였지요. 어둡고 추운 작업실에 칩거하면서 피해의식과 자학의 늪에 빠져 허우적거렸습니다. 표절 시비 아니면 혹평. 제 작품에 대한 세인들의 반응이었습니다. 이 시대는 뛰어난 여류 조각가를 필요로 하지 않은 거지요. 유명 조각가와 부적절한 관계에 있었던 미모의 어린 여제자면 족했던 겁니다.

그런데 말이에요. 제가 절망에 빠졌던 것은 그런 이유 때문만이 아니었어요. 저를 잃어버렸다는 겁니다. 작품을 하면서도 이것이 순수한 내 감성에 의한 것인지 그의 영향을 받은 것인지 혼란스러워졌다는 거지요. 작품을 하다가 부수고 완성되면 부수고, 그의 그림자를 지우려고 몸부림쳤어요. 그런 나의 몸부림을 호재로 어머니는 내게 벼르고 있던 복수를 하였어요. 저를 세상과 유리시켜버린 겁니다. 나의 탈바꿈을 참을성 있게 기다려 주었을 유일한 지지자 아버지가 돌아가셨으니 속수무책일 밖에요.

아아! 그 옛날 '제엥'이 있던 그 숲속이 그리워지네요. 그 바윗덩이에서 생명을 만나고 가슴 벅찼던 그날. 힘차게 목표를 향해 달리기 시작했던 내 삶의 수레. 이제 와 보니 제가 그의 수레에 동승했던 것이 아니었네요. 내 수레에 그 남자가 잠시 편승을 했던 거지요. 그가 내리자 그의 무게에 익숙해 있던 내 수레는 비틀거렸고 우왕좌왕하다가 엉뚱한 방향으로 굴러가게 된 겁니다.

만약 그 남자를 만나지 않았더라면, 아니 적어도 용광로 같았던 그의 눈빛만이라도 외면했었더라면 제 삶은 어찌 되었을까요? '제엥'을 만나지 않았더라면, 내 어머니의 뱃속에 들어앉지 않았더라면…. 운명이라고요? 어쩔 수 없는 제 운명이었다고요?

제가 오만했던 탓은 아니었냐고요? 혹, 자기 재주만 믿고 여신 아테나와 비단 짜기 내기를 하여 신을 모독한 죄로 거미가 되어야 했던 아라크네를 닮았다고 말하고 싶은 겁니까? 그래요. 저는 결코 제 재능에 겸손하고 싶지 않습니다. 아니 겸손하지 않을 겁니다. 설령 아테나의 채찍에 제 비단이 갈기갈기 찢긴다 해도 저는 다시 또 제 비단을 짤 것입니다. 거미로 전락할 운명을 감수해도 좋을 만큼 제 비단은 충분히 아름다우니까요.

제 작품 〈운명〉을 보신 적이 있나요? 왼발을 바퀴에 얹고 왼손을 무언가에 붙잡힌 채 끌려가듯 걷고 있는 여인. 버둥대고 있는 오른손의 저항과 덩어리처럼 뭉뚱그려놓은 오른발의 무거움이 미련의 무게를 가늠케 하는 작품이지요. 저의 앞날을 예견한 듯하다고요? 그런 셈인가요. 하지만 비록 원치 않은 방향으로 제 삶의 수레바퀴는 굴러가고 있지만 저는 조각가로서의 지난 삶을 사랑합니다. 모든 사물에서 숨결을 찾아내고, 생명을 심어주는 작업은 얼마나 황홀한 일인지요.

로댕이라고 했나요? 당신, 제발 그런 눈빛으로 저를 보지 마세요. 저를 흔들지 마세요. 또다시 누군가로 인해 저를 잃고 싶지 않습니다.

저는 위대한 조각가, 아니 예술가 '까미유 끌로델'이니까요.

【참고서적】

《프리다 칼로와 나혜석, 그리고 까미유 끌로델》 - 정금희 지음

까미유 끌로델: Camille Claudel 1864~1943. 프랑스의 천재 여류 조각가. 조각가 '오귀스트 로댕'의 제자이자 연인. 로댕과 결별 후 피해망상증에 시달리다 어머니에 의해 정신병원에 수용됨. 30여 년을 정신병원에서 보내다 사망. 〈수다쟁이들〉, 〈왈츠〉, 〈중년〉, 〈애원〉, 〈운명〉 등 다수의 작품들이 있음

대속代贖

- 생텍쥐페리를 생각함 -

4월 중순.

거실 커튼을 젖힌다. 앞 동 지붕 너머로 검단산 머리 부분이 보인다. 산 정상은 이미 연둣빛으로 물들었다. 엊그제만 해도 중턱에 머물렀더니, 그 사이 기세를 꼭대기까지 뻗쳤다. 가을이면 역순逆順의 현상이 벌어지리라. 단풍은 꼭대기부터 들기 시작하여 서서히 산자락으로 내려올 것이다. 나목이 되어 가는 순서도 마찬가지일 터. 오르고 내리는 이치가 인생을 닮았다.

나이 탓일까. 마음을 몽글몽글 부풀어 오르게 하는 봄 산 풍경을 보고 있으려니 문득 눈에 보이는 이 풍경이 이제는 떠나야 할 세상의 것이로구나 하는 생각이 든다. 살 세상이 아니라 떠나야 할 세상. 그때가 되면 나는 과연 이 아름다운 풍경들을 두고 가볍게 떠날 수 있을까? 생텍쥐페리의 《어린 왕자》가 떠오른다. 뱀의 독毒을 빌려 헌 옷 벗듯 몸을 버리고 지구별을 떠난 어린 왕자는 제 별로 돌아가 잘살고 있을까?

생텍쥐페리의 작품들을 읽을 때마다 늘 궁금증이 일곤 했다. 그는 왜 그토록 비행사라는 직업에 집착했던 것일까? 그러나 생텍쥐페리에 대한 많은 평론집들이 작품과 작가를 이야기하면서도 그 점에 대한 언급은 없었다. 그러다가 불문학자 배기열이 쓴 《쌩떽쥐페리 硏究》 중 연보年譜에서 단서가 될 만한 몇 줄을 찾아내었다.

"1912년. 쌩-모리스 성관에서 7㎞ 떨어진 지점에 앙베리유 Ambérieu 비행장이 신설되었다. 앙뜨완느는 거기서 처음으로 어머니와 조종사를 설복시켜 하늘의 세례를 받았다."

나는 그 '세례'라는 단어에 마치 숨은 보석이라도 발견한 듯 환호했다. 하지만 시간이 지나면서 어쩌면 그 '세례'라는 말은 처음으로 하늘이라는 별세계를 접촉하고 느꼈을 어린 생텍쥐페리의 황홀감에 대한 저자 배기열의 문학적 표현일 수도 있겠다는 생각이 들었다. 1912년이면 그의 나이 열두 살. 아직은 하늘을 나는 꿈을 꿀 수 있는 어린 나이이다. 그 꿈이 실현되었으니 얼마나 벅찼겠는가. 그런 그의 심경을 미루어 짐작해 '세례'라는 단어를 선택한 것이지 싶다. 그날 맛본 하늘과 내려다보이는 대지의 생경한 모습이 생텍쥐페리로 하여금 비행사의 꿈을 꾸게 하지 않았을까?

하늘에서 내려다보이는 풍경은 신이 보는 풍경일 터이다.

그는, 우편물 배달 업무가 되었든 정찰 비행이 되었든, 비행기라는 매체를 이용하여 하늘과 대지를 오가며 두 개의 세계를 경험하게 된다.

> 선명한 풍경 위로 떨어지는 호박색 빛줄기, 잘 갈아놓은 밭과 초원들, 오른쪽에 자리 잡은 마을, 왼쪽에 자리 잡은 양 몇 마리, 그리고 파란 하늘이 마치 천장처럼 그 모든 것을 덮고 있다. '한 채의 집이로군.' 베르니스는 생각한다. 문득 그는 이 마을과 하늘과 대지가 모두 하나의 커다란 집처럼 만들어졌다는 느낌을 명확히 받았던 걸 떠올린다. 잘 정돈된 친근한 집이었다.*

그러나 잘 정돈된 하나의 집 같았던 세상은 비행기가 하강하면서 모습을 바꾼다.

> 비행기가 하강하면서 비로소 대지는 다시 옷을 걸쳐 입는다. 나무는 다시금 대지의 속을 채워 넣고, 언덕과 골짜기는 대지에 넘실거림을 만들어준다. 그렇게 대지는 다시 숨을 쉰다. (…) 하나처럼 보이던 세상은 산산조각으로 나눠진다. 매끈했던 지평선에서는 나무와 집과 마을들이 떨어져나와 비행기 뒤로 휙휙 날아가버린다.**

---

* 《남방우편기》
** 위와 같은 책

평론가들은 생텍쥐페리가 '비행기'와 '사막'이라는 분리되고 고독한 공간 덕분에, 그리고 숱한 죽음과의 대면 덕분에 명상의 시간을 가질 수 있었고, 그 결과 신을 부정하고 동양적 사고 내지는 불교적 시각을 갖게 되었다고도 하고, 또는 '개별적 인간individu'에서 '책임을 아는 인간homme'으로, 마침내는 그 모든 것을 넘어선 초월적 인간 '대아大我 Homme'의 경지에 이르렀다고도 한다. 《인간의 대지》에서는 '대아'의 완성을, 《어린 왕자》에서는 '해탈'의 경지를 보여주었다는 것이다.

하지만 그의 미완성 유고집 《성채Citadelle》로 들어가 보면 앞서 작품들과는 다른, 사고의 변화 내지는 갈등이 엿보인다. 인간 존재에 대한 깨우침이 아닌, 신에 대한 향수鄕愁, 믿는 행위가 주는 행복에 대한 갈구渴求 같은 것이 느껴진다. "신이 존재한다는 표시를 원하는 사람들은 그 표시를 거울에 투영된 영상으로 만들 것이고 거기서 자기 자신의 모습밖에는 발견하지 못할 것이다."라며 신의 존재를 부인하다가도, "주여, 저는 당신의 모습을 보여달라는 요구도 당신의 음성을 들려달라는 요구도 하지 않습니다. 내가 살아가는 이곳을 당신의 영혼으로 밝게 비춰주시는 것만으로 저는 충분히 치유될 수 있습니다."라며 오롯이 신에게 의탁하고 싶어 하는 이중적 모습을 보인다.

가톨릭, 즉 신으로의 회귀 욕구는 《수첩Carnets》에서도 엿볼 수 있다.

"이 종교가 없다면 인간은 야만의 길을 걸을 것이다."

한편 알랭 비르콩들레가* 쓴 《앙투안과 콘수엘로의 전설적인 사랑》에 의하면, 생텍쥐페리의 부인이었던 콘수엘로**는 생텍쥐페리가 평소 "나를 전쟁터에 데려다 놔야 해. 내가 깨끗이 씻겼다고, 이 우스꽝스러운 전쟁 중에 나 자신이 깨끗하다고 느낄 수 있어야 해."라는 말을 자주 했다고 한다. 그녀는 그의 마음속에 인간이 저지른 '전쟁'이라는 죄를 자신의 죽음으로 속죄하려는 의지가 깊이 자리 잡고 있어, 전장戰場으로 떠나려는 그를 결코 막을 수 없을 것임을 알았다. 생텍쥐페리는 그녀에게 보내는 편지에서 전장으로 가는 이유를 '양심을 위해 최선을 다해 고통스러워하고, 가능한 한 가장 심한 고통을 느끼고', '고통을 받음으로써 나 자신의 소유물들과 일체감을 느끼기 위해서'라며, '죽임을 당하고 싶지는 않지만 죽어야 한다면 기꺼이 눈을 감을 거'라고 했다. 그리스도의 수난受難과 대속代贖이 연상되는 대목이다. 그는 죽음이라는 것을 '중요성을 갖는 곳을 향해 가는 것'으로 인식하고 있었다.

전쟁의 와중에 약속된 비행 횟수를 3회나 넘기고도 비행을 고집했던 그에게 마침내 허락되었던 마지막 정찰 비행. 그리고 그는 돌아오지 않았다. 나는 뱀의 힘을 빌려 지구를 떠난

---

* 알랭 비르콩들레: 프랑스 작가로 생텍쥐페리에 대한 책을 여러 권 썼다. 《앙투안과 콘수엘로 드 생텍쥐페리의 전설적인 사랑》 전시회의 준비위원

** 콘수엘로 순신 산도발: 엘살바도르 출신. 미망인의 몸으로 생텍쥐페리와 결혼. 두 사람은 정열적이고도 자유로운 사랑을 나눴다.

어린 왕자처럼, 그가 그 마지막 비행을 빌려 이 세상을 떠날 것을 작심하였을 것 같다는 생각을 지울 수 없다.

> 인생은 모순 덩어리다. 인생이란 그저 힘닿는 대로 그럭저럭 지내는 것이지 (…) 그러나 영구히 산다는 것, 창조한다는 것, 자기의 없어질 육신을 무엇과 교환한다는 것은…*

그의 방황과 강박관념이 엿보이는 구절이다. 이 방황은 어쩌면 예견된 것이었다. 비행을 통해 경험할 수 있었던 두 개의 세계, 즉 신이 만들어놓은 잘 정돈된 하나의 집 같은 몽환적 세계와 몽환이 깨어지면서 드러나는 현실 세계 그 중간에 그는 머물러 있었기 때문이다. 그는 세계를 '잘 정돈 집'으로 만들기 위해서는 모든 사람을 굴러다니는 돌멩이가 아닌, 대성당을 구축하는 의미 있는 돌이 되도록 교화해야 한다는 책임감에 초조함을 느끼고 있었던 것 같다. 그는 목자牧者와도 같은 마음으로 이상적 공동체 세상을 만들기 위한 매듭 역할에 자신의 육신을 도구처럼 사용하며 헌신했다.

실제로 그는 열악한 성능의 비행기와 악천후 때문에 숱하게 부상당했다. 1937년 9월에는 여러 날 혼수상태에 빠져 대수술을 받을 만큼 심각한 부상을 입었고, 그 후유증으로 아편의

---

* 《야간비행》

힘을 빌릴 만큼 심한 고통에 시달렸음에도 비행을 멈추지 않았다.

> 인간의 내면에 숨어 있는 보물을 구하기 위해서 육체라는 항아리를 과감하게 깨뜨릴 줄 아는 사람은 현명하다.*

'개별적 인간individu'에서 '대아大我, Hommme'로의 진화다. 그는 자신뿐만 아니라 동료들에게서도 대아적 희생을 기대했다. 《야간비행》 속 우편항공회사 책임자 리뷔에르의 입을 빌려, 사람 사이를 이어주는 역할을 하는 우편물의 신속한 배달을 위해 일상의 행복을 포기하고 위험천만한 야간비행을 감내할 것을 비행사들에게 요구한 것이다.

하지만 대지에 발을 딛고 서면 그는 종종 길을 잃었던 것 같다. 이 세상 어디에서도 발붙일 곳을 찾지 못했다. 헤어짐과 만남을 반복하고, 같이 살 때도 같은 건물 다른 층에 기거하곤 했던 콘수엘로와의 비정상적 결혼생활이 그랬고, 순수했던 어린 시절에 대한 잦은 회고가 그랬다.

> 생텍쥐페리는 무너뜨릴 수 없는 단 하나의 안정적인 장소를 평생 찾아 헤맸다. 그곳은 그가 늘 이야기하던 '어머니의 침대', 최상의 행복을 느낄 수 있는 환상적인 공간이

---

* 《성채》

었다.*

《남방우편기》에서 집을 '집maison'이라 하지 않고 머무는 곳, '거처demeure'라 표현한 것도 그 때문이 아닌가 싶다. 실제로 그는 친구에게 쓴 편지에서 "내 집이 있는 이 세상에서 나는 어디에서 살 수 있을까?"라고 하기도 했다. 평생을 현실과 이상 세계 사이에서 괴리감을 느끼며 살았던 것 같다.

《어린 왕자》를 동양적 내지는 불교적 사유의 백미로들 꼽지만, 나는 그 작품의 모티브가 '순수'가 아닐까 생각한다. '마음으로 보기'도 어린아이와 같은 순수로 돌아가기요, 주저 없이 몸을 버림도 해탈이라기보다는 영혼의 귀속을 믿는 순수함에서 비롯된 게 아닐까 짐작해보는 것이다. '어머니의 침대' 또한 그에게는 잃어버린 낙원이었다.

한때 종교의 비과학성과 배타성을 비판하고 인간 속에서 신을 찾기도 했던 그는 결국 신에게로 돌아온다.

> 기도하고 있는 도미니크 수도승에게는 밀도 짙은 현존이 있는 것이다. 이 사람에게는 그렇게 엎드려 꼼짝 않고 있을 때보다 더 인간다워 보인 적은 없다**

---

* 알랭 비르콩들레의《앙투안과 콘수엘로 드 생텍쥐페리의 전설적인 사랑》

** 《성채》

《쌩떽쥐페리 硏究》의 저자 배기열은 이를 '믿는 행위의 행복'에의 간구로 해석한다. '믿는 행위'는 순수를 바탕으로 한다. 온전히 신에게 의탁함으로써 얻어지는 무상無償의 기쁨은 순수심에서 비롯되기 때문이다.

"제가 이 큰 양초를 세웠습니다. 여기에 불을 붙이는 일은 당신께서 하여 주시옵소서."*라는 말을 남기고 생텍쥐페리는 세상 밖으로 걸어 나갔다. 어쩌면 그는 신을 떠난 적이 없었는지도 모른다. 회귀가 아니라 '영원 속에서 침묵으로 존재해 있는 신'**을 재발견한 것이라고나 할까. '대아'로의 몰입도, 방황도 그 침묵의 의미를 찾아가는 과정 중 하나가 아니었을지.

신의 눈으로 내려다본 세상. 그는 마지막까지 그 세상을 잘 정돈된 하나의 집, 하나의 대성당, 하나의 굳건한 성채로 만드는 중재자 역할을 충실히 하였고, 전쟁이라는 인간의 죄를 떠안고 잠시 머물렀던 곳, 지구를 미련 없이 떠났다.

"주여, 저는 당신 곁으로 갑니다. 당신의 이름으로 저는 땅을 갈아왔기 때문입니다. 씨는 당신께서 뿌려주십시오."***

부상으로 만신창이가 된 몸을 전장戰場에 내던지며 마지막으로 올렸을 그의 기도 말이 자꾸만 귓전을 맴돈다.

---

* 위와 같은 책
** 위와 같은 책
*** 위와 같은 책

침묵

"군고구마, 군고구마아, 따끈따끈한 군고구마아!"

엔도 슈사쿠*의 소설 『깊은 강』은 군고구마 장수의 호객 소리로 시작된다.

다섯 주인공 중 첫 번째 인물인 이소베가 의사로부터 아내의 시한부 삶을 선고받던 순간, 진료실 창문을 통해 들리던 소리다. 절망적 상황 앞에 망연자실해 있는 그를 비웃기라도 하는 듯 낭창낭창 늘어지는 군고구마 장수의 목소리. 낭창거려서 더욱 잔인한 소리다. 누군가의 종말과는 상관없이 흘러

* 일본의 소설가(1923~1996). 종교소설과 세속소설의 차이를 무너뜨린 20세기 문학의 거장. 게이오 대학을 졸업하고 일본 정부가 수여하는 장학금으로 프랑스 리옹 대학에서 프랑스 문학을 공부. 여러 차례 노벨문학상 후보로 거론되었고, 《백인》으로 아쿠타가와 상 수상, 《침묵》으로 다니자키 상 수상. 그 외에도 《예수의 생애》, 《그리스도의 탄생》, 《마음의 야상곡》 등 다수의 작품이 있고 마지막 작품으로 《깊은 강》이 있다.

가는 누군가의 변함없는 일상, 이건 부조리다.

그는 마음속으로 아무 신에게나 대고 애원한다.

'어째서 이 사람한테 불행을 주십니까? 마누라는 착하고 상냥한, 평범한 여자입니다. 살려주세요. 부탁입니다.'

의사의 선고대로 석 달쯤 후 그의 아내는 세상을 떠났다. 아무 신들은 착하고 상냥하고 평범한 여자를 외면했고, 세상은 무슨 일이 있었냐는 듯 무심히 흘러가고 있었다.

네 번째 인물 기구치도 비슷한 부조리에 부딪친다. 2차 세계대전 당시, 패전으로 퇴각하는 정글 속에서 쓰카다라는 전우가 건네준 인육人肉으로 허기를 채우던 그 앞에서 벌어지던 광경이다.

> 하루 종일 쏟아져 내리던 비가 이따금 그치는 시간이 있고, 그 사이사이 지금껏 어디에 숨어 있었는지 정글에서는 돌연 새들이 여기저기서 쾌활하게 지저귀기 시작한다. 땅바닥에는 부상당한 병사의 신음 소리와 울음소리가 들리건만, 작은 새들은 전혀 관심 없다는 듯 한결같이 신나게 조잘조잘 지저귄다. 새들의 지저귐이 밝고 쾌활할수록 병사들의 신음소리는 고통으로 가득 찼던 잔혹했던 나날….

이 장면은 내게 그의 또 다른 소설 속 한 장면을 환기시킨다.

이해할 수 없는 것은 이 뜰 안의 정적과 매미 소리와 파리의 날갯짓 소리였다. 한 인간이 무참히 죽었는데도 바깥세상은 전혀 그런 일이 없었던 것처럼 전과 다름없이 계속 움직이고 있었다. 이런 바보스러운 일은 있을 수 없다. 이것이 순교란 말인가? 왜 당신은 침묵하고 있는가? 어째서 이런 정적이, 이런 고요가 계속되는가? 이 한낮의 고요함. 매미 소리.

일본 에도시대 가톨릭 박해를 다룬 소설 『침묵』 중 주인공 로드리고 신부가 순교에 대해 회의하는 장면이다. 후미에[踏繪]*를 밟지 않아 목이 잘려 죽거나, 구멍 매달기 고문**으로 고통 속에 죽어가거나, 바다 위 기둥에 묶인 채 바닷물에 잠겨 죽어가는 신도들을 지켜보고 있을 것임에도 침묵만 지키고 있는 신을 원망하며 그는 절규한다.

"주여, 이 이상 저를 버려두지 마십시오. 이해할 수 없는 이 상태로 저를 버려두지 마십시오."

애당초 고귀한 순교란 없었다. 그가 상상해왔던, 또 성서에서 보아왔던 그런 장엄한 순교는. 현실에서의 순교는 죽어간

---

* 후미에: 일본 에도시대에 막부가 기독교인 구별 방법으로 사용하였던 그리스도 혹은 성모마리아가 새겨진 동판을 두툼한 나무에 끼워 넣은 것. 이 성화를 밟지 않은 사람은 기독교인으로 간주되어 고문을 받거나 죽임을 당함. 성화를 밟는 행위를 이르기도 함.

** 오물이 가득 들어 있는 구덩이에 사람을 거꾸로 매달아 놓고 쉽게 죽지 못하도록 귀 뒤에 구멍을 뚫어 피를 조금씩 흘리게 하는 고문

신도들의 남루한 옷처럼 초라하고 가련하기만 했다. 그런데도 그가 순교를 택한다면 그건 단지 허영심에서일 뿐이라는 생각이 들었다. 칭송받고 성자로 추앙받고 싶은 허영심. 하지만 그가 죽임을 당하는 날에도 바깥세상은 아랑곳없이 잘 흘러갈 것이고 매미는 여전히 울 것이고 파리는 날갯짓 소리를 내면서 날아다닐 것이다.

인간이 이렇게 슬픈데
주여 바다가 너무나도 파랗습니다

수책형水柵刑의 현장, 나가사키[長崎] 데추[出津] 해안에 세워진 침묵의 비碑에 새겨진 이 두 줄의 글귀는 로드리고 신부의 아니, 엔도 슈사쿠의 신앙적 갈등을 대변해 준다. 엔도 슈사쿠에게 있어 늘 푸른 바다는 군고구마 장수의 외침 소리, 매미 울음소리, 파리의 날갯짓 소리, 새들의 지저귐과 맥락을 같이한다. 많은 인간의 슬픔과 고통과 죽음을 품고도 천연덕스럽게 파랗기만 한, 너무나 파랗기만 한 바다. 신은 진정 침묵만 하고 있을 셈인가? 아니, 신은 존재하기는 하는 것일까?

로드리고 신부는 결국 후미에를 밟기로 한다. 신도들을 구하기 위해서였다. 일본 관리는 신부를 죽이는 대신 그가 보는 앞에서 신도들을 고문하거나 죽이는 방법을 택함으로써 그의 배교背教를 유도했다. 신부의 순교가 신도들에게 미칠 영향을 고려했기 때문이다. 그러나 신도들을 살리기 위해서라는 그의 배교 이유는 어쩌면 구차한 변명이었는지도 모른다. 그는 신의 침묵에 절망했고, 인간의 어떤 고통 앞에서도 끄떡없이 흘러가는 세상에 분노했고, 무엇보다도 거듭되는 갈등으로 인한 피로감에서 벗어나고 싶었던 것 아닐까.

그러나 그가 괴로워하며 후미에에 발을 올려놓으려는 순간, 수많은 사람이 밟아 일그러지고 닳아빠진 동판 위의 그리스도가 말한다.

"밟아도 좋다. 네 발의 아픔을 내가 제일 잘 알고 있다. 밟아도 좋다. 나는 너희에게 밟히기 위해 이 세상에 태어났고, 너희의 아픔을 나누기 위해 십자가를 짊어진 것이다."

신은 침묵하고 있었던 것이 아니었다. 이 세상의 숱한 아픔을 품어주는 것으로 역할을 다한 것이다. 유다가 배신행위를 하게끔 내버려 둔 것도 그 행위를 하게 함으로써 고통을 알게 하고 그 고통을 나누어 가지기 위해서였다는 깨달음이 온 것이다. 로드리고는 후미에를 밟음으로써 비로소 섬기는 신, 우상으로서의 신이 아닌 진정한 신, 인간의 모습을 한 '인애仁愛'의 신을 마음속에 모시게 된다. 《깊은 강》의 오쓰 신부가 지향했던 것도 '인애'였다.

비평가들은 모태 가톨릭 신자였던 엔도 슈사쿠가 소설 《침묵》을 빌려서는 서양의 엄격하고 벌하는 부성父性적 신이 아닌 동양적 신, 무한히 사랑을 베풀고 용서하는 모성母性적 신을 설파했고, 갠지스강을 배경으로 한 마지막 소설 《깊은 강》을 통해서는 가톨릭을 뛰어넘어 종교다원주의를 주장했다고 한다. 《깊은 강》 속에 그가 발췌 인용해놓은 간디 어록을 보면 수긍이 간다.

> 나는 힌두교도로서 본능적으로 모든 종교가 많건 적건 진실이라고 생각한다. 모든 종교는 똑같은 신에서 비롯된다. 그러나 어느 종교이건 불완전하다. 왜냐하면, 그것은 불완전한 인간에 의해 우리에게 전해져 왔기 때문이다.

간디는 신을 향해 가는 길이 여럿일 수 있음을 인정한 것이다. 그렇다면 '똑같은 신'이란 어떤 존재일까? 불완전한 인간에 의해 왜곡되기 이전의 신이라면 절대적 존재를 이름일 터. 어쩌면 그것은 만물을 품어 안고 관장하고 있는 '자연'을 지칭하는 것이 아니었을까. 엔도 슈사쿠가 1971년 인도를 여행한 후 쓴 글을 읽으면서 그런 생각이 더욱 짙어졌다.

"모성적 이미지를 자연의 그 무엇과 연관 짓는 것은 범신론의 한 가지 표출이기는 해도, 동시에 동양인이 지닌 종교 심리의 특징처럼 내게는 여겨진다. 모성적인 것인 이상, 그 이미지를 부여하는 자연은 엄격하고 준열하고 격렬한 것이어서는 안 된다. 그것은 부드러움과 포용력 넘치는 것이어야만 한다."

그가 말한 신이요, 자연이란 갠지스강과도 같은 것이다. 삶과 죽음, 더럽고 깨끗하고, 귀하고 천하고를 가리지 않고 지상의 온갖 것들을 품어 안고 흐르는 거대한 강. 하지만 그가 바란 것처럼 자연은 인자하지만은 않다. 때론 지나치게 엄혹하고 냉정하다. 약육강식과 도태淘汰를 방관함으로써 질서를 유지시키는 것을 보면 그러하다.

그 때문일까. 나는 엔도 슈사쿠의 두 소설을 읽으면서 다른 생각을 해보았다.

모태 가톨릭이었던 그처럼 나도 어린 시절부터 어머니를 따라다니다가 얼떨결에 불교도가 되었고, 때론 절실한 마음으로 부처님께 발원을 드리기도 했다. 하지만 그때마다 나는 막연한 느낌을 지울 수가 없었다. 진실로 내가 기원을 올리는 상대가 부처인가? 마치 《깊은 강》 속 미쓰코가 자기가 올리는 기도 흉내가 누구를 향한 것인지 모르겠다 토로한 것처럼 모호하기만 했다.

엔도 슈사쿠의 두 소설은 내게 어쩌면 기도란 신의 이름을 빌려 나 자신을 다잡는 행위일지도 모르겠다는 생각이 들게 했다, 신은 나의 신념이고 내 안의 도덕심 같은 것이며 구원救援이란, 구도求道란 그 신념과 도덕심으로 흔들리는 '나'를 바로 잡아가는 과정이 아닐까 하는…. 수시로 배교하고 수시로 참회하는 《침묵》 속 유약하고 비굴한 인물 기치지로처럼, 우리는 세상이라는 강을 흘러가면서 수없이 신념을 저버리고, 그로 인해 후회하고 괴로워하다 다시 신이라는 존재에게 매달리곤 하지 않은가. 엔도 슈사쿠도 어느 문학 강연에서 같은 말을 한 적이 있다. "우리 하나 하나에게도 수시로 밟고 넘어가야 하는 시대의 후미에, 생활의 후미에, 인생의 후미에가 있다."고.

모든 것은 나로부터 비롯되고 나에게서 끝이 나고 나에게서 다시 시작된다. 환생한 아내를 만나기 위해 인도를 찾아간 《깊은 강》의 이소베가 결국 제 마음속에서 아내를 찾아내었듯, 동화작가 누마다가 굳이 인도에까지 가 아무 구관조나 사서 방생하려 했던 것이 결국 구관조에게 목숨 빚을 졌다는 강박관념으로부터 자신을 해방시키고 싶었던 것이었음을 알게 되었듯이, 모든 길은 결국 나에게로 되돌아온다. 로드리고 신부가 들었던 그리스도의 말씀도 어쩌면 제 안에서 흘러나온 각성의 소리가 아니었을지.

나라는 존재는 창해일속滄海一粟 같은 것이다. 강은, 바다는, 세상은 그 일속들을 따듯하게 품기도 하고 냉혹하게 버리기도 하면서 끊임없이 출렁이고 끊임없이 흘러가야 존재의 의미를 갖는다. 매미 울음이, 파리의 날갯짓이, 새들의 지저귐이, 변함없는 남의 일상이 있어야 세상은 존재할 수 있는 것이고, 그런 세상이 있어야 나도 존재하는 것이다.

종교란, 신이란, 그렇게 일속으로 흘러가면서 절대적 침묵의 의미를 궁구해 나를 바로 세우는 데 도움을 주는 촉매제 같은 것이 아닐는지.

프로메테우스와 시시포스

-괴테와 카뮈-

십여 년 동안 적籍을 두고 있는 철학 수필 모임의 여섯 번째 동인지가 출간되었다. 열세 명의 회원이 세 편씩 작품을 게재하였다. 한 편은 공동 주제, 한 편은 작가나 작품론, 나머지 한 편은 자유 주제다. 이번 호 공동 주제는 '신'이었다.

깜냥대로 무신론적 생각을 정리해 글을 올리고 난 얼마 후에 괴테의 시 〈프로메테우스〉를 만났다.

> 나는 태양 아래 너희 신보다/ 더 초라한 존재를 알지 못한다./ 너희의 존엄은/ 제물로 바치는 세금과/ 기도의 입김으로/ 겨우 연명하지/ 그러니 어린아이와 거지들/ 희망에 부푼 바보들이 없었더라면/너희는 굶주렸을 터.

괴테는 프로메테우스의 입을 빌려 신들을 조롱한다. 인간이 없으면 존재의 의미도 가치도 없어지는 신들의 무능을 꼬집은 것이다. 그는 신에게 묻는다. 언제 당신이 무거운 짐 진 자의 고통을 덜어준 적이 있었냐고, 불안에 시달리는 자의 눈물을 닦아주거나 죽음과 예속에서 그들을 구원해준 적이 있었냐고. 그들은 그 모든 것을 오롯이 스스로의 힘으로 해결했을 뿐이고, 그럴 수 있도록 그들을 단련시켜준 것은 당신들이 아니라 전능한 시간과 영원한 운명이었다고. 그러니 인간의 땅을 지배하려 들지 말라고. 당신들이 지어준 적 없는 그들의 집도, 아궁이도 건드리지 말라고.

프로메테우스는 제우스보다 한 세대 앞선 티탄 신족의 후예로 그 이름이 '먼저 생각하는 자, 선지자先知者'라는 뜻을 갖는다. 앞으로의 일을 내다볼 수 있는 능력이 있어 제우스조차 함부로 대할 수 없는 신이었다.

인간을 창조한 프로메테우스는 그들에게 섬김을 받는 존재, 벌을 주는 엄혹한 존재로서의 신보다는 도움과 베풂을 행하는 사랑의 신이 되고 싶었다. 하지만 그는 제우스의 벼락에서 불씨를 훔쳐 인간에게 전해주고 여러 지혜를 일러주어 인간을 오만하게 만들었다는 죄목으로 카오카소스 바위산에 쇠사슬로 묶여 날마다 독수리에게 간을 쪼아 먹히는 고통을 당한다. 죽음에 이르게 하는 끝이 있는 형벌이 아니라 다음 날이면 간이 되살아 나 끝없이 고통이 되풀이되는, 잔인한 형벌이다. 죽음으로 끝나는 벌은 외려 자비롭다. 그럼에도 그는 자신의 행위를 후회하지 않는다. 그리고 기꺼이 고통을 견뎌낸다. 신이지만 인간의 편에 서서 신의 절대 권력에 도전장을 낸 것이다.

카뮈도 시시포스를 통해 신에게 도발한다. 시시포스는 코린토스의 왕으로 신의 비밀을 누설하고, 플루톤(하데스) 신과의 약속을 어긴 죄로 명부冥府에서 무거운 바윗덩어리를 산꼭대기로 굴려 올리는 형벌을 받는다. 꼭대기에 이르는 것으로 끝이 아니라, 올려놓자마자 굴러떨어져 다시 굴려 올려야 하는, 도로徒勞의 형벌이다. 프로메테우스가 받은 형벌과 비슷한 맥락이다. 다른 점이 있다면 프로메테우스는 신이고, 시시포스는 인간이라는 것이다. 하지만 프로메테우스가 인간을 창조했고 인간의 편에 서 있었던 점으로 보면 제우스가 내린 형벌은 인간을 향한 것이라 볼 수 있겠다.

카뮈는 형벌을 치러내는 시시포스의 자세를 수동적이 아닌 능동적 행위로 해석한다. 그는 시시포스가 바윗돌을 굴려 올리는 고된 노역 후, 빈 몸으로 언덕을 내려오는 잠깐의 휴지기를 의식의 시간으로 활용하여 자신을 강하게 단련함으로써 운명을 넘어섰다고 판단한다. 인간이 자신의 고통을 정면으로 응시할 때, 우상으로부터 자유로워질 수 있다는 것이다. 신에 의해 결정된 운명이 아니라 자기 자신이 바로 운명의 주인이 되고 시간의 주인이 되는 것이다. 그건 신들이 바라는 바가 아니었다. 끝없는 고통에 괴로워하며 신에게 용서와 자비를 구해야 형벌은 의미를 갖는 것이기 때문이다. 그런 점에서 볼 때 카뮈의 시시포스 또한 신에 대한 저항이라 볼 수 있겠다.

괴테의 시 〈프로메테우스〉는 이렇게 끝을 맺는다.

> 나 여기 앉아서 나의 형상대로/ 인간을 빚는다/ 나를 닮은 이 족속/ 괴로워하고 울고/ 즐기고 기뻐하며/너를 아랑곳하지 않으리/내가 그러하듯.

프로메테우스는 인간들이 신의 속박으로부터 벗어나 스스로의 힘으로 우뚝 설 것을 요구 혹은 예언한 것이다.

오랜 시간 후 프로메테우스는 제우스의 암묵하에 헤라클레스에 의해 형벌에서 해방된다. 그가 형벌을 받고 있는 동안 그가 전해준 불과 지혜와 문화의 힘으로 인간들은 황금시대를 맞아 번영을 누린다. 하지만 그 번영에는 날마다 간을 쪼아 먹히는 것과 같은 고통과 바윗돌을 굴려 올리는 도로徒勞의 괴로움이 따르기 마련이다. 그럼에도 인간들은 그 고통을 기꺼이 감내하며 스스로 강해져 지혜롭고 용감하게 삶을 헤쳐 나갈 것이다. 매일 아침 지하철 계단을 오르는 소시민의 힘찬 발걸음처럼.

나는 욕망을 욕망했을까?

"너는 욕심도 없냐?"

어려서부터 어머니에게 자주 듣던 말이다.

"좋으면 좋다, 싫으면 싫다, 내색 좀 해라."

초등학생 시절 어느 날, 생일선물을 받아 든 내게 아버지가 했던 말이다.

호들갑을 떨거나 애교스럽지 못한 성격 탓도 있지만 나는 어려서부터 매사에 덤덤한 편이었던 것 같다. 손에 든 것을 뺏겨도 그만이고, 다른 아이의 것을 부러워하거나 탐하는 마음도 없었다. 공부에도 그다지 열심을 내지 않아서 성적은 중상 정도였다.

나는 혈액형이 O형이다. 그런데 지인들은 나를 A형쯤으로 착각한다. 매사에 소극적이고 소심해서 나조차도 검사에 오류가 있었던 것은 아닌가 의심할 정도다. 그런데 때때로 성급하게 일을 저지른다거나 앞뒤 안 가리고 성질을 내는 것을 보면 O형이 맞지 싶다. 물론 혈액형과 성격의 상관관계는 통계에 불과한 것이긴 하다. 하지만 쇼팽의 '즉흥환상곡 C#단조' 도입부나 그리그의 '피아노협주곡 A단조' 1악장 서주 부분, 드보르작의 '첼로협주곡' 1악장 첫 첼로 독주 부분의 휘몰아치는 연주를 들을 때 속이 후련해지는 것을 보면 내 안에 통계적 O형 기질인 과감하고 과격한 인자가 들어있음이 분명하다. 단지 그런 기질이 억압되어 있었을 뿐이다.

어느 날 좋아하는 한 젊은 대중가요 가수의 노래를 동영상으로 보다가 내게 이상한 버릇이 있음을 발견했다. 그리고 그의 노래를 다운로드하거나 스트리밍해서 음원으로 들어도 될 일을 굳이 영상을 찾아서 보는 이유를 알게 되었다. 그 가수의 노래 부르는 자태나 표정이 아름다워서이기도 하지만, 그보다는 그의 노래에 감탄을 하는 다른 출연자들의 반응을 보는 즐거움을 누리고 있었던 것이다. 마음이 착잡해졌다. '나는 늘 남의 시선을 의식하며 살고 있었구나.'

'욕심欲心'과 '욕구欲求'와 '욕망欲望'은 어떻게 다를까? '욕欲'자는 아래에 마음 심心자를 덧붙여 쓰이기도 하니 마음이 일으키는 작용임은 분명한데, 그 세 단어의 경계가 내게는 모호하기만 하다. 많은 철학가의 정의를 살펴보아도 아둔한 나의 머리는 혼란만 더할 뿐이다. 굳이 한자漢字에 의거해 내 식으로 구분을 해보자면 '욕심'은 마음에 탐貪이 생긴 것이요, '욕구'는 그 탐이 발현된 것이고, '욕망'은 발현된 탐을 좇는 것쯤으로 해석할 수 있을까. 그렇더라도 모호하기는 마찬가지여서 나는 세 단어를 아울러 욕망이라 하기로 했다.

나의 욕망에 대한 궁금증은 두 가지이다. '욕망은 인간의 본성일까?'와 '욕망이 삶의 동력인가?'이다. 욕망이 결핍에서 오는 것임은 자명한 사실이기에 욕망과 결핍의 관계는 덮어두기로 한다. '바란다[望]'는 것은 내게 없는 것을 원한다는 의미를 갖고 있기 때문이다.

먼저 본성 문제로 들어가 보면, 인간은 욕망을 모르는 채로 태어났으나 환경과 사회의 영향을 받아 발생한다는 주장과, 인간은 원래 이기적 존재이기에 욕망의 씨앗을 품고 태어난다고 하는 주장이 맞선다. 성선설性善說과 성악설性惡說의 대립과 흡사하다. 세상엔 욕심을 잘 부리지 않았던 나 같은 사람이 있는가 하면, '아흔아홉 석 가진 자가 한 석 가진 자의 것을 뺏는다'라는 말도 있듯이 풍족한 환경임에도 욕심을 부리는 사람이 있는 것을 보면, 모든 사람이 욕망의 씨앗을 품고 태어난다는 말에는 고개가 갸웃해진다.

하지만 어쩌면 나 또한 욕망이라는 씨앗을 품고 태어났는지도 모르겠다. 그 씨앗이 발아하지 않은 것은 아마도 어머니 덕분이었을 것이다. 살림이 풍족했을 때나 그렇지 못했을 때나 어머니는 희생적으로 나를 부양했다. 내가 요구하기 전에 필요한 것을 알아서 챙겨주고, 필요할 것을 앞질러 마련해 주는 어머니라는 든든한 언덕이 있어서 나는 욕심부리지 않는 아이로 살아올 수 있었던 것 같다. 내 손에 든 것을 빼앗겨도 그만이었던 것도 어머니에 의해 다시 채워질 것이라는 믿음이 있었기 때문이었을 것이다.

한편 자기 보존을 추구하려 노력하는 것 자체가 욕망이요, 존재 본성의 법칙이라는 스피노자의 주장에 비춰보자면, 나의 '욕심 없음'은 욕심 없음이 아니었다는 생각이 들기도 한다. 그 가수의 동영상으로 인해 남의 눈에 비치는 나의 이미지를 좋게 유지하려는 욕구가 내 안에 잠재해 있음을 알게 되었기 때문이다. 되지도 않는 글에 매달려 애면글면하는 것도 결국은 훌륭한 작가로 인정받고 싶은 욕구 때문이 아니겠는가. 이는 타인으로부터 존중받으려는 욕구를 가장 궁극적인 인간의 본성으로 본 헤겔의 주장과도 일치한다.

나는 적극적으로 살지 못했다. 잠재되어 있었을지도 모를 나의 욕망은 발아도 못 해본 채, 어머니가 만들어놓은 테두리 안에 안주하며 어머니가 설정해놓은 타인의 욕망의 길을 그저 습관처럼 걸어갔을 뿐이었다. 그것이 잘못되었다는 것을 뒤늦게 깨닫고 벗어나려 했을 때는 이미 내 뇌리에 그 수동적 삶이 깊이 입력이 되어 있어서 내가 진실로 원하는 것이 무엇인지를 몰라 헤맸다. 그러다 지치면 쉽게 '포기' 쪽으로 도피해버리곤 했다. 자유롭기보다는 차라리 누군가가 씌워주는 굴레 속으로 자진하여 머리를 디밀고 싶었다.

간혹 타인의 욕망을 그럴듯한 나의 욕망으로 설정해보려 해도 그래서는 안 될 것 같은 수많은 이유가 나를 막아섰다. 자신의 욕망이 '모방한 욕망'이 아니라 자발적 욕망이라고 주장하는 것을 '낭만적 거짓'이라 한 르네 지라르*의 말처럼 일찌감치 자발적 욕망 없음을 인정하고 타인의 욕망을 욕망했더라면, 아니 차라리 스피노자의 말처럼 욕망을 충족시켜주는 것을 선善으로, 욕망을 좌절시키는 것을 악惡으로 설정했더라면 내 삶이 훨씬 활력적이고 윤택해지지 않았을까?

산다는 것은 무언가를 끊임없이 원하는 게 아닌가 싶다. 그것이 자발적 욕망이 되었든 모방한 욕망이 되었든. 욕심이든, 욕구든, 욕망이든. 그런데 마음과는 달리 이제 나의 육신은 서서히 자기 보존의 노력마저 부담스러워하고 있다.

버리고, 내려놓는다는 것은 마음의 평정을 얻는 것이기도 하지만, 삶의 동력을 잃어버리는 것일 수도 있다. 목숨이 다하는 날까지 버티기 위해서는 소소한 욕심 몇 가지쯤은 부리고 살아야 하지 않을까 싶다.

---

* 르네 지라르: René Girard1923~2015 프랑스의 인류학자, 철학자

기도의 밀도

스님인 사촌 언니에게서 전화가 왔다. 생전 꿈에 나타나지 않던 작은 어머니(내 어머니)를 어젯밤 꿈에 보았다며, 돌아오는 백중날 다니는 절에 가서 백중기도를 올리라고 했다. 백중百中날은 불가佛家에서는 망혼일亡魂日로, 돌아가신 조상의 혼을 위로하는 재齋를 올리는 날이다. 어머니 가신 지 올해로 8년. 어머니의 혼백이 여태 구천을 맴돌고 있다는 걸까.

백중기도를 의뢰하고 법당에 엎드렸다. 입재 2주 되는 날, 다시 언니에게서 전화를 받았다. 작은어머니가 깨끗하게 차려입고 찾아왔더라고. 나는 언니가 고마웠나 보다고 대답했다. 그런데 어머니는 왜 날 찾지 않은 것일까?

발원 기도를 올리면서 나는 다시 한번 혼란스러움을 느꼈다. 자기가 올리는 기도 '흉내'가 누구를 향한 것인지 모르겠다

했던, 엔도 슈사쿠의 소설《깊은 강》의 주인공 미쓰코의 말이 다시금 떠올랐기 때문이다. 내가 올리는 기도의 대상이 과연 부처인가? 그리고 내가 하고 있는 이 행위가 기도인가, 기도 흉내인가? 어머니는 이런 내 혼란을 간파하고 나에게서 고마운 마음을 접은 것일까?

> 기도하고 있는 도미니크 수도승에게는 밀도 짙은 현존이 있는 것이다. 이 사람에게는 그렇게 엎드려 꼼짝 않고 있을 때보다 더 인간다워 보인 적은 없다.
>
> – 생텍쥐페리 《성채》 중에서

생텍쥐페리의《성채》는 사후 출간된 미완성 작품집으로, 곳곳에서 신에 대한 그의 갈등이 엿보인다. 위의 인용 구절에서는 그런 모든 갈등이 배제된, 순수 믿음에 대한 갈구가 느껴진다. 기도는 나의 부족함을 인정하고 전지전능하다고 믿는 존재에게 온전히 자신을 의탁하는 행위가 아니던가. 방황하던 그가 수도승의 기도하는 모습에서 '밀도 짙은 현존'을 느낀 것은 바로 이 '부족함을 인정하고 엎드리는 행위' 때문이 아니었나 싶다.

내 기도에는 나의 부족함은 인정하되 전지전능한 존재에 대한 믿음이 결여되어 있었다. 프랑스 남서쪽 오트피레네 주州 시골 마을 루르드Lourdes성당에 '기적의 샘물'을 일궈낸 성녀 베르나데트 수비루Bernadette Soubirous는 소녀 시절 동굴에서 만난 귀부인(성모)의 무모한 요구를 온전히 믿고 맨땅을 손으로 파헤쳤고, 그 믿음의 결과가 '기적의 샘물'로 나타났다. 그런데 내 기도에는 그런 순수도, 확신도 없었다. 요식 행위처럼 그저 몸을 구부렸다 펴기를 반복하고 있을 뿐이었다.

엔도 슈사쿠 역시 그의 소설 속 인물들을 통해 끊임없이 신의 존재를 의심했다. 그리고 범신론汎神論 쪽으로 기울었다. 그에게 신은 세상 모든 것을 품어 안고 흐르는 갠지스강 즉, 자연처럼 자애로운 존재여야 했다. 하지만 자연, 혹은 일자一者는 그렇게 너그러운 존재만은 아니다. 때론 지나치게 냉혹하다. 그의 소설《침묵》속 침묵하고 있는 신처럼, 만물을 주재主宰는 하지만 관여는 하지 않고 스스로 알아서 길을 찾게 할 뿐이다.

범신론과 범재신론汎在神論은 언어적 해석으로 볼 때는 비슷해 보인다. 하지만 '모든 것이 신이다'와 '모든 것 안에 신이 있다'는 의미 면에서 확연히 다르다. 내 기도의 형태는 범재신론 적이며, 내 안의 신은 여러 모습의 성찰하는 나 자신이다. 그러니까 내 기도는 결국 나를 향한 것이다. 어머니를 위해 백중 기도를 올리는 것도 어머니의 지극했던 사랑을 망각하고 있는 나를 돌아보고 그런 나를 다그치는 도덕심 같은 것이라 할 수 있겠다. 그러니 진정 혼이라는 게 있어 어머니의 혼백이 구천을 벗어나 극락왕생하기를 바란 것이라면, 내 기도는 어머니에게 그리 달가운 것이 아니었을 것이다.

인간은 종교적 동물이라는 말이 있다. 미지未知에 대한 두려움에 초월적 존재를 설정해놓고 의존하고 싶어 하는 것이 인간의 본성이라는 얘기인 듯하다. 그런데 간디는 세상의 모든 종교가 똑같은 신을 향하고 있다고 했다. 그 똑같은 신이 무엇을 지칭하는지는 모르겠으나, 종교는 신에게로 가는 수단에 불과할 뿐이라는 의미인 것만은 자명해 보인다. 신과 더불어 살았던 신화시대, 신을 배제했던 자연철학 시대, 신과 일체였던 중세 시대를 제외하고는, 서양의 철학은 신의 존재를 규명하려는 노력의 결과물에 다름 아니었고, 그 노력은 현재도 진행 중이다. 이성理性으로 규명하기 어려운 것이 신이기 때문이다. 인간 존재 탐구도 신으로부터 비롯되었다고 볼 수 있겠다.

엄밀히 볼 때 부처는 신이 아니다. 범재신론적 존재가 부처이기 때문이다. 하지만 종교를 떠나, 우주 만물의 돌아가는 형세를 보면 그 불가사의함으로 인해 창조주 혹은 주재자의 존재를 인정하지 않을 수 없다. 나를 향한 기도에 피로감을 느낄 때면, 신의 존재를 부정하는 나의 무지한 오만에 한계를 느낄 때면, 어떤 형태의 주재자이든 그를 향해 맹목적 믿음의 기도를 올리고 싶어진다. 도미니크 수도승처럼, 성녀 베르나데트 수비루처럼 밀도 높은 순수 기도를.

존엄할 권리

멈칫, 펜을 든 손이 망설였다. 동의서를 바라보았다. 글씨들 위로 자꾸만 어머니의 손이 어른거렸다.

혼수상태로 응급실 침상에 누워 있던 어머니가 오른손을 들어 올렸다. 정신이 드는 것인가 반가워 어머니를 불러 보았지만, 반응이 없었다. 무의식적인 행동인 듯싶어 팔을 내려드렸다. 탈수에 탈진으로 가사 상태에 빠진 지 닷새 남짓. 손가락 하나 까딱할 기력조차 없을 터였다. 그런데 조금 뒤 어머니는 다시 손을 들어 올렸다. 내려놓으면 올리고 내려놓으면 올리고, 그렇게 몇 차례 반복하더니 잠잠해졌다.

어머니의 유일한 일가붙이인 외숙모가 병문안을 왔다. 환자의 상태에 대해 얘기를 주고받는 중에 어머니가 다시 손을 들어올리기 시작했다. 외숙모는 반갑다는 인사인가 보다며 어머니 손을 잡아 꼭 쥐었다. '내리면, 올리고'가 다시 한동안 반복되었다. 문득 의식은 없지만, 어머니가 무언가 말씀을 하고 있는 것이 아닌가 하는 생각이 들었다.

조금 전 상황을 돌이켜 보았다. 주치의는 어머니의 신장 기능이 망가져 투석을 해야 할 상황이 될 수도 있다고 했다. 하지만 그 과정이 무척 힘이 들 뿐만 아니라, 설령 투석을 한다 해도 환자가 워낙 연로하여 예후가 좋을 것이라 장담할 수 없다고 덧붙였다. 그럼에도 투석을 할 것인지 가족끼리 상의해 결정하라는 말을 남기고 다른 침상으로 건너갔다. 전화로 아버지와 의견을 나누었다. 오랜 침묵 끝에 아버지는 그래도 한 번쯤은 해봐야 되지 않겠냐고 하셨다. 주치의를 불러 우리 의사를 전했다. 그 후부터 어머니의 그런 행동이 시작되었던 것 같다.

"아이의 손을 보세요. 꼼지락거리는 저 손은 살고 싶다 말하고 있는 것입니다. 포기해서는 안 됩니다."

얼마 전 방영되었던 의학 드라마에서 한 수련의가 했던 말이다. 쓸개에 이상이 생긴 채 미숙아로 태어나 인큐베이터 속에 들어 있는 아이. 위험하여 수술을 할 수 없다 포기한 담당 교수에게 수련의가 저항을 한 것이다. 담당 교수가 인큐베이터에 손을 넣어 아이의 손을 잡아보았다. 아이는 그 손을 꼬옥 잡아 쥐었다.

반나절이 지나고서야 어머니는 병실로 옮겨졌다. 혼수상태는 여전했다. 일단은 투석을 하지 않고 수액 조절을 하면서 지켜보자는 말을 남기고 병실을 나가려던 주치의가 나를 손짓해 불렀다. 복도로 나갔다. 보호자에게서 확인받을 사항이 있는데 혼수상태이긴 하지만 혹 어르신이 들으실지 몰라서 나오라 했다고 했다. 그러고는 조심스럽게 말을 꺼냈다. 투석을 하려면 중환자실로 가야하고 그곳에서는 위급한 상황에 이르면 심폐소생술을 하거나 기관 삽입 같은 연명 장치를 달아야 하는데 의료법상 그런 장치는 한 번 달면 회복될 때까지, 혹은 돌아가실 때까지 뗄 수가 없다, 심폐소생술도 갈비뼈에 손상을 입히게 되는데 연로하셔서 그 골절로 인하여 돌아가실 수도 있다, 그러니 그런 연명치료를 할 것인지 하지 않을 것인지 가족 모두의 합의가 필요하다고 했다.

병실로 옮긴 후 어머니는 더 이상 손을 들어 올리지 않았다. 사람에게 가장 오래 남아 있는 감각이 청력이라는 말이 있다. 조금 전 주치의가 날 불러낸 것도 그 때문이었을 것이다. 복도로 나와 아버지께 전화를 드렸다. 또 한 번의 긴 침묵.

동의서에 서명을 했다. 일체의 연명치료를 원치 않는다고 했다. 어머니의 손이 다시 눈앞에 어른거렸다. 동의서를 든 채 망설였다. 드라마 속 그 수련의의 말처럼 어머니의 손은 정말 살고 싶다 말씀하신 것이었을까?

한때 나는 참 살기 싫었다. 고통스러운 집안 상황 때문이기도 했지만, 그보다는 삶 자체에 아무런 의미를 느끼지 못하고 있었다. 우아하게, 고통 없이 삶을 마감할 방법이 없을까만 생각하며 무기력하게 시간을 죽이고 있었다. 그러던 중 불치의 병에 걸렸다는 진단을 받았다. 예후와 합병증에 대한 설명이 이명처럼 머릿속을 왕왕거리며 돌아다녔다.

집으로 돌아왔다. 오디오 스위치를 켰다. CD플레이어에서 첼로곡들이 흘러나오기 시작했다. 포레의 '꿈을 꾼 후에'를 지나 오펜 바흐의 '자클린느의 눈물'에 이르자 울음이 터지고 말았다. 근육경화증으로 무력해진 육신 앞에 처참하게 무너졌던 자클린느 뒤프레의 삶.

살고 싶었다. 그토록 고통스러웠던, 혐오했던, 남루했던 삶이 눈부시게 빛나 보였다.

동의서에 서명을 하고 온 날 밤, 잠이 오지 않았다. 가슴을 묵직한 무엇이 누르고 있는 듯 답답했다. 일어나 스탠드를 켰다. 반짝, 한 무더기의 노란 빛이 어둠 한 켠을 밀어내더니 천천히 영역을 확장해 나갔다. 캄캄한 거실로 나와 앉았다. 빠끔히 열린 침실 문 사이로 불빛이 흘러나왔다. 밝음과 어둠에 경계를 긋고 있는 문. 문의 이쪽, 어둠에서 바라본 저쪽, 밝음이 참 따듯해 보였다. 혹 삶의 경계에 서 있는 이들에게 보이는 세상이 저와 같지는 않을까. 익숙하고 따듯한 저쪽에 대한 그리움. 낯설고 차가운 이쪽에 대한 두려움. 저 '저쪽'에 더 머무를 수만 있다면, 이 '이쪽'에서 한 발짝 물러날 수만 있다면, 존엄 같은 것 아무래도 상관없지 않을까.

혼수상태에서 아득하게 들려오고 있었을지도 모르는 익숙한 삶의 소음들. 어머니는 그것을 붙잡고 싶었는지도 모르겠다. 혹여 존엄이라는 빛 좋은 허울로 그 의지를 잘라 버리는 산자의 횡포를 부린 것은 아닌지, 마음이 무겁다.

■ 작가연보

[약력]

1952년 전남 광주 출생

1974년 숙명여자대학교 약학대학 약학과 졸업

1975~1981년 약국 운영

1981~1984년 화가이신 아버지의 초청으로 도불渡佛.

파리3대학(소르본느)에서 어학연수 및 미술사 1년 과정 수료,

파리4대학(누벨소르본느)에서 언어학 수학.

1986~1987년 박물관대학 및 홍익대학교 부설 미술디자인 강남교육원에서 미술사 과정 수료

1993~1996년 교보문고에서 약국 운영

1998년 계간 《수필공원(현. 에세이문학)》에 수필 등단

2007년 수필집 《숨은 길》(우수문학도서 선정) 출간.

2008년 제26회 현대수필문학상 수상

2017년 수필집 《시간의 길이》 출간.

2025년 수필집 《어느 날, 그리고 문득》 출간.

2025년 제2회 범우 윤형두 수필문학상 대상 수상

[문단활동]

계간 《에세이문학》 편집위원 및 심사위원 역임

무크지 《더수필》 선정위원 역임

'보령의사수필문학상' 선정위원 역임

현재 (사)한국수필문학진흥회 부회장 및 《에세이문학》 기획위원

매원수필문학상 운영위원회 부회장

계간 《수필미학》 이사,

계간 종합문예지 《인간과문학》 자문위원 및 수필 공모 심사위원

한국문협, 에세이문학 작가회, 송현수필문학회, 철수회哲隨會,

숙대문인회 회원

현대수필가 100인선 Ⅱ · 85
이혜연 수필선

파리의 우울

초판인쇄 | 2026년 1월 8일
초판발행 | 2026년 1월 12일

지은이 | 이 혜 연
펴낸이 | 서 정 환
펴낸곳 | 수필과비평사 · 좋은수필사

주 소 | 서울시 종로구 삼일대로 32길 36.
(익선동 30-6) 운현신화타워 305호
전 화 | 02)3675-5635, 063)275-4000
등 록 | 제300-2013-133호
홈페이지 | http://www.shinapub.com
e-mail | essay321@hanmail.net

값 10,000원

ISBN 979-11-5933-623-2 04810
ISBN 979-11-85796-15-4 (전 100권)